MÍDIAS SOCIAIS NAS EMPRESAS

COLABORAÇÃO,
INOVAÇÃO,
COMPETITIVIDADE
E RESULTADOS

MÍDIAS SOCIAIS NAS EMPRESAS

COLABORAÇÃO, INOVAÇÃO, COMPETITIVIDADE E RESULTADOS

ARTHUR L. JUE
JACKIE ALCALDE MARR
MARY ELLEN KASSOTAKIS

TRADUZIDO POR:
TARSILA KRUSE

Diretor-Presidente
Henrique José Branco Brazão Farinha

Publisher
Eduardo Viegas Meirelles Villela

Editora
Cláudia Elissa Rondelli Ramos

Tradução
Tarsila Kruse

Revisão Técnica
Renato Fonseca de Andrade

Projeto Gráfico e Editoração
ERJ Composição Editorial

Capa
Listo Comunicação

Foto da Capa
Istockphoto/Blank Button

Impressão
Prol Gráfica

Papel
Lux Cream 90 g.

Título original: *Social Media at Work: How Networking Tools Propel Organizational Performance*

Copyright © 2011 by Editora Évora Ltda

A tradução desta publicação foi feita sob acordo com John Wiley & Sons International Rights, Inc.

Todos os direitos desta edição são reservados à Editora Évora.

Rua Sergipe, 401 – Cj. 1.310 – Consolação
São Paulo – SP – CEP 01243-906
Telefone: (11) 3717 1247
Site: http://www.editoraevora.com.br
E-mail: contato@editoraevora.com.br

DADOS INTERNACIONAIS PARA CATALOGAÇÃO NA PUBLICAÇÃO (CIP)

J87m
    Jue, Arthur L., 1966- .
      [Social media at work. Português]
      As mídias sociais nas empresas : colaboração, inovação, competividade e resultados / Arthur L. Jue, Jackie Alcalde Marr e Mary Ellen Kassotakis ; [tradução: Tarsila Kruse]. - São Paulo : Évora, 2010.
      ...p. ; ...cm.

      Tradução de: Social media at work : How networking tools propel organizational performance.

      ISBN 978-85-63993-09-0
      1. Mídia social. 2. Redes de relações sociais. 3. Organização. I. Marr, Jackie Alcalde, 1962- . II. Kassotakis, Mary Ellen, 1953- . III. Título.

CDD- 303.4833

José Carlos dos Santos Macedo   Bibliotecário CRB7 n.3575

Aos precursores de todas as partes –
revolucionários, inovadores, desbravadores e
pioneiros – que corajosamente promoveram
as mídias sociais.

SUMÁRIO

Apresentação à Edição Brasileira IX

Prefácio à Edição Brasileira XIII

1. As Mídias Sociais nas Empresas 1
2. Mudanças no Cenário e o Que Isso Significa Para Você 13
3. O Que são Mídias Sociais e Como Funcionam? 45
4. Onde as Mídias Sociais Impactam 79
5. Exemplos Pioneiros 107
6. Fazendo as Mídias Sociais Trabalharem: Um Guia 139
7. Olhando para o Futuro 183

Agradecimentos 205

Posfácio à Edição Brasileira 209

Mensagem ao Leitor Brasileiro 211

APRESENTAÇÃO
à Edição Brasileira

Por Gilberto Guimarães e Humberto Neto

Enfim um livro-texto que desvenda os segredos do uso das redes sociais no ambiente de trabalho.

As redes sociais entraram definitivamente no radar dos principais executivos brasileiros. Antes havia apenas o fenômeno do Orkut e do MSN, exclusivamente para relacionamento pessoal de um público mais jovem. Nesse cenário, as empresas não se preocupavam muito com o assunto, e "nossos homens de marketing" classificavam as ferramentas como diversão e, de certa forma, criavam barreiras para a sua utilização no local de trabalho. Com a chegada do Twitter, Facebook e Linkedin, tudo mudou. Particularmente, após a tradução para a língua portuguesa do Facebook e do Linkedin, criou-se uma nova onda de adeptos. Redes sociais hoje são representadas em várias formas e funções: fóruns, blogs, wikis, twitters, podcasts, imagens, vídeos etc.

Executivos e empresas não podem mais ignorar as redes sociais. Elas fazem parte do dia a dia da maioria das pessoas, dos seus funcionários e de milhões de consumidores e "stakeholders". Líderes estão comprometidos com a criação de vantagens competitivas para suas empresas. Eles precisam envolver e engajar nesta busca seus funcionários e parceiros, além de influenciar e convencer clientes e consumidores. Neste ambiente extremamente fluido e volátil, a crescente importância das redes sociais pode criar uma extraordinária oportunidade.

Mas como aproveitar esta oportunidade?

Estava faltando no mercado brasileiro um livro que de forma simples, clara e objetiva explicasse o fenômeno das redes sociais e como as empresas podem se beneficiar delas. Esse livro agora existe. É o *Mídias sociais nas empresas: colaboração, inovação, competitividade e resultados*, de Arthur L. Jue, Jackie Alcalde Marr e Mary Ellen Kassotakis.

A utilização das redes sociais no ambiente de trabalho começou de forma simples e segmentada. O mais utilizado corporativamente ainda é o Linkedin, usado principalmente para responder à necessidade da busca de novos talentos. Os principais escritórios de *Executive Search* (*headhunters*) já incorporaram a ferramenta no processo de busca e avaliação dos candidatos. Outro segmento, o das empresas de tecnologia e comunicação, entrou nas redes sociais por afinidade e proximidade. E, por fim, as empresas de produção e venda de bens não duráveis perceberam que os *chats* (conversas) na rede poderiam ajudá-las a aprofundar o conhecimento e o relacionamento com os seus clientes. Muitas já estão lá, pesquisando e acompanhando o que se fala sobre suas marcas e produtos, mas ainda poucas deram o passo seguinte: conseguir interagir, participar e induzir essas conversas e opiniões.

Líderes já perceberam que as redes sociais podem ajudar a expandir o alcance da influência de sua liderança dentro e fora da empresa, eliminando falhas de comunicação, atraindo e "energizando" indecisos, desenvolvendo e acelerando as mudanças.

A leitura do livro *Mídias sociais transformadoras* tornou-se obrigatória para todos aqueles que já estão envolvidos e que já perceberam a importância do uso das redes sociais.

O livro traz uma série de *cases* e exemplos de estratégias utilizadas por empresas como a BT, Intel e Cisco, para maximizar o uso das redes sociais no ambiente de trabalho para aumentar a produtividade, o engajamento, a retenção de talentos, a troca de informações e performance dos seus funcionários. A organização das informações nos capítulos permite aos leitores – quer sejam executivos, empreendedores, profissionais de RH ou gestores de pessoas – perceberem e assimilarem as mudanças que as redes sociais estão realizando e como as empresas podem aproveitar essa "onda" superando ansiedades e "medos" de como utilizá-las para facilitar a compreensão das equipes na importância da troca de informações, do networking, das necessidades dos consumidores, do engajamento da equipe, do *team building*, da velocidade das mudanças etc.... A importância das redes sociais não é um fenômeno tecnológico, é um fenômeno sociológico, cultural. Representa esses novos tempos, a sociedade do conhecimento e da informação. Esses novos tempos pedem novas formas e nova organização das pessoas. A nova estrutura econômica e empresarial precisa incorporar flexibilidade e especialização. Não se consegue mais impor a antiga forma de gestão. O desafio do novo líder é ajudar a criar o novo e mobilizar as pessoas para implantarem as mudanças. Para criar o novo, é preciso encerrar o velho, desestabilizar, perturbar, desorganizar e fazer a "destruição criativa". O mundo empresarial exige novas competências e novos caminhos para o sucesso. As redes sociais são o caminho mais rápido para o futuro.

Gilberto Guimarães é diretor do MBA em Liderança e Gestão de Pessoas da Business School of São Paulo (BSP) e CEO do BPI Group no Brasil. Autor do blog "Desabalada Carreira" e dos livros *Esta desabalada carreira* e *Tempos de grandes mudanças*.

Humberto Neto é sócio da Imagecomm, Marketing Integrado, agência digital especializada em web 2.0, redes sociais e mobile marketing. É também professor da Business School of São Paulo (BSP) em Marketing de Relacionamento e Mídias Sociais.

PREFÁCIO
à Edição Brasileira

Por Mauro Segura

Antes de mais nada, este é um livro apaixonante. Jue, Alcalde Marr e Kassotakis nos colocam no olho do furacão, evidenciando que vivemos a maior transformação da história da sociedade humana, algo sem precedentes. A forma como nos relacionamos, tomamos decisões e fazemos negócios está mudando completamente. Estamos no meio de uma revolução e ninguém escapará dela. As empresas podem escolher ignorar o fenômeno ou se antecipar e incorporar as mídias sociais em suas organizações, nos seus modelos de negócio e em seu próprio desenvolvimento.

Esqueça os livros teóricos e conceituais. Os autores optaram por um livro prático, pragmático e extremamente útil para aqueles que estudam ou lideram a implementação das mídias sociais no ambiente corporativo. Através de exemplos e casos reais muito bem explorados, os autores derrubam os tradicionais paradigmas.

A maioria das empresas trata as mídias sociais como uma mera plataforma para fazer marketing; esta visão torta e limitada muitas vezes gera experiências negativas. Ao tratar o cliente com um viés de consumidor, as empresas lançam projetos de mídias sociais com o objetivo único de vendas e descobrem que por trás dele existe uma pessoa multifacetada, que deseja falar com a empresa para reclamar de um serviço, dar uma ideia de um novo produto, se relacionar institucionalmente por ser acionista da empresa ou apenas pedir mais informações. A maior virtude do livro é desmitificar essa percepção oportunista das mídias sociais como canal de vendas; elas vão muito além disso, pois permitem mudar o modelo de relacionamento das empresas com seus clientes, parceiros e, principalmente, funcionários. E, em muitos casos, permitem uma transformação radical do modelo de negócio da empresa. Portanto, aplicar o uso dessas novas plataformas somente em vendas é um desperdício de recursos, ou, no mínimo, a perda de uma bela oportunidade.

Obviamente que o impacto inicial causado pelas mídias sociais nas empresas é na comunicação, mas essa é somente a primeira onda nas mudanças que estarão por vir. Quando aumenta a comunicação, as pessoas ficam mais conectadas, cresce o sentimento de camaradagem e compartilhamento, a colaboração espontânea aparece no dia a dia da empresa, as barreiras diminuem e aumenta a flexibilidade e a tolerância. Tudo isso provoca melhor performance e eficácia da organização. O coletivo se sobrepuja ao individual. A diversidade e a pluralidade aparecem com mais intensidade. A hierarquia fica mais flexível e menos importante. O clima de integração e alinhamento atua em todos os aspectos da organização, tais como planejamento estratégico, desenvolvimento das lideranças, gestão de mudanças e de performance, e até nas pequenas decisões diárias de cada funcionário. No Capítulo 5, os autores oferecem vários exemplos reais de empresas que já descobriram o poder das mídias sociais para os seus negócios e desenvolvimento. O Capítulo 6 é o mais vigoroso do livro. É um passo a passo essencial, com práticas e dicas, para a implementação das mídias sociais nas empresas. O Capítulo 7 é uma visão de futuro, em que ficam evidentes as transformações e o alcance dessa revolução chamada mídias sociais.

As mídias sociais dentro das organizações ainda parecem ser um território virgem a ser explorado, com todas as suas contradições, oportunidades e riscos. Neste contexto, só existem duas certezas. A primeira é que estamos num caminho sem volta, pois todas as empresas tomarão esta estrada, sejam elas pequenas ou grandes, locais ou globais, e de qualquer segmento de indústria. A segunda certeza é que os que saírem na frente ganharão uma vantagem competitiva imensa. E, por essa razão, os inúmeros casos citados no livro merecem ser estudados, não só por serem bons exemplos, mas por mostrarem empresas que estão inovando, ousando e criando um mundo diferente para a sociedade.

Mauro Segura é diretor de Marketing e Comunicação da IBM Brasil

1 As MÍDIAS SOCIAIS nas Empresas

Pioneirismo

No sábado, dia 23 de agosto de 2008, às 2h45 da manhã, telefones celulares por todo o mundo recebiam uma mensagem de texto que anunciava Joe Biden como candidato a vice-presidente do partido democrata dos Estados Unidos.

Durante todo o final de semana, aquelas pessoas que receberam essa mensagem tiveram conversas em restaurantes e em reuniões em suas comunidades para discutir a implicação dessa notícia. Conforme a mídia foi espalhando a novidade, a maneira como ela foi transmitida se tornou quase tão importante como a escolha do próprio vice-presidente.

A campanha eleitoral para presidente nos Estados Unidos em 2008 não teve precedentes em diversos aspectos, e um deles foi o grande apoio dos jovens norte-americanos, que pareciam ter tomado consciência do panorama político. O aumento da energia, paixão e comprometimento dos diversos tipos de eleitores, em especial os mais jovens, fez com que as pesquisas apontassem a favor dos democratas. O uso das mídias sociais foi um fator-chave para gerar essa energia e mobilizar uma grande comunidade em busca de um objetivo comum: eleger Barack Obama. Independentemente de suas crenças políticas ou afiliação organizacional, qualquer ativista, líder corporativo ou empreendedor adoraria poder criar e gerenciar esse tipo de fervor. Imagine o que pode acontecer se isso for aplicado no trabalho.

Se você faz parte de uma organização – com fins lucrativos, sem fins lucrativos, grande, pequena, comunitária, corporativa –, trabalhar em conjunto para alcançar objetivos comuns é o nome do jogo. Organizações de todos os tipos querem engajar seus funcionários, clientes, fornecedores e parceiros, construindo fidelidade à marca, aos produtos e serviços.

Contudo, no mundo de hoje, os líderes enfrentam um ambiente cada vez mais difícil para se alcançar esses objetivos. Mudanças muito rápidas são uma característica da nossa sociedade pós-moderna. A incerteza econômica, os menores ciclos de desenvolvimento, as estruturas organizacionais mais horizontais e a constante transformação das instituições sociais estão coevoluindo em um ritmo jamais visto. Execução rápida e de alta qualidade tornou-se um mantra sagrado para a sobrevivência corporativa caso os líderes pretendam manter-se atualizados com a forte e crescente competitividade global.[1]

Se os líderes buscam ganhar e sustentar uma vantagem competitiva, eles devem confiar em funcionários e parceiros que estejam engajados e comprometidos. Dentro desse ambiente instável, o fenômeno emergente das mídias sociais pode criar oportunidades extraordinárias para os líderes e empresas mais experientes que buscam tal vantagem. Essas ferramentas estão acelerando e aumentando inovações, engajamento e desempenho de funcionários. Aqueles que estão usando as mídias sociais ativamente em suas organizações podem ter certeza de que possuem novos modos para aumentar a performance do seu negócio, criar capacidades em longo prazo e, finalmente, sustentar seu próprio sucesso.

Líderes de todas as partes devem aproveitar a oportunidade para incorporar as mídias sociais em suas organizações para aumentar seu desempenho e criar equipes cheias de energia, cultivando uma atmosfera positiva. As vantagens incluem o aumento no aprendizado organizacional, melhor adaptação para mudanças e relações mais fortes. Conforme os líderes aprendem a alavancar as mídias sociais *dentro* de suas organizações – assim como indivíduos o fazem *fora* das suas organizações –, um enorme estímulo de agilidade e vitalidade é desencadeado. As mídias sociais dentro das organizações demonstram uma nova realidade – a realidade na qual os funcionários são cocriadores do sucesso da empresa e não meros serviçais que apenas saúdam e recebem ordens.

Os líderes que conversaram conosco acreditam que as mídias sociais os ajudam a estender sua influência pessoal durante períodos de incerteza por meio da aceleração do desenvolvimento de funcionários, melhorando o planejamento de sucessão e atraindo grupos de novos trabalhadores entusiasmados na guerra por talento. As mídias sociais são um meio contínuo e poderoso de revitalizar o espírito, coração e alma da empresa. Finalmente, indivíduos, grupos e organizações poderão reduzir o tempo na tomada de decisões. Essa nova velocidade terá um impacto no desempenho e melhorará as inovações organizacionais e sociais.

Por que "mídias sociais"?

A popularidade das mídias sociais tem se espalhado como fogo incontrolável nos últimos anos. Assim como o fogo pode causar pânico por causa de seus movimentos caóticos e aleatórios, os efeitos ondulatórios dessa tecnologia estão surpreendendo muitos líderes organizacionais. Se você faz parte do grupo que tem ansiedades e expectativas sobre como a proliferação das mídias sociais vai impactar sua empresa, com certeza você é um dos nossos. Já tivemos esse mesmo sentimento emergencial ao buscar entender e explorar o poder das mídias sociais em nossas atividades profissionais.

Há apenas um ano estávamos discutindo fervorosamente sobre como melhorar nossos serviços de gerenciamento de talentos na Oracle. Como engajar ainda mais nossos líderes? Como estender nosso processo de aprendizado ao longo do tempo? Como criar comunidades para compartilhar experiência e conhecimento? Havia uma sensação de urgência entre os líderes do nosso time dentro do grupo de Organização Global e Desenvolvimento de Talentos. Sabíamos que nossos líderes buscavam constantemente meios de se manter sempre à frente do mercado e também que uma alta porcentagem de nossos funcionários esperava que criássemos soluções que possibilitassem trabalho e aprendizado da maneira mais confortável para eles – on-line. Estávamos cientes de que as mídias sociais nos ofereciam um novo conjunto de ferramentas para alcançar essa meta, e elas se tornaram energizadas quando desafiamos nossas suposições de como fazer com que as pessoas participassem do processo de gerenciamento de talentos. Tínhamos certeza de que as mídias sociais encorajariam um maior envolvimento e trariam resultados melhores, mas tínhamos algumas preocupações também... Uma vez iniciada a participação, como orientar nossos esforços para que eles sejam mais produtivos? Como combater os medos organizacionais? Como engajar os líderes que talvez sejam céticos sobre essa mudança de comportamento? No final da nossa reunião, alguém disse: "Aposto que muitas outras pessoas estão lidando com essas questões também; devemos escrever o que estamos discutindo e compartilhar com os outros".

Se você está lendo este livro, sabe que mudanças no jogo estão acontecendo e deve estar se deparando com as mesmas perguntas que tivemos. Você precisa fazer alguma coisa e... agora. Tomamos como base para este livro as nossas experiências, analisando a onda de mídias sociais no trabalho e nos perguntando qual era o sentido de tudo isso.

| Mudanças no cenário |

O termos *mídia social* tipicamente se refere às muitas ferramentas eletrônicas que são relativamente de baixo custo e altamente acessíveis, possibilitando que qualquer pessoa publique e acesse informações, colabore para um esforço comum ou construa relacionamentos. Isso pode soar como "a mesma coisa de sempre", mas é o avanço em tecnologia e as mudanças nas normas comportamentais que deram um novo significado a essas atividades, sobrecarregando o volume de trocas entre as pessoas e estendendo o poder de alcance a todos os cantos do mundo.

Quando escolhemos a definição de mídia social que se encaixasse melhor no foco deste livro, ficamos atraídos pela definição mais simples e profunda que nos foi dada por Richard Dennison, gerente sênior de mídias sociais da British Telecom: "A mídia social é *participação*". Essa participação pode ser simplesmente a visualização de informações que estavam escondidas de nossas vistas, mas muitas vezes é uma forma de comunicação, colaboração e contato com qualquer pessoa, em qualquer lugar, a qualquer hora. É a *interação* entre as pessoas – indivíduos e grupos – e o grande potencial em compartilhar mais, aprender mais e conseguir muito mais do que nossos avós jamais puderam imaginar. Ao contrário das mídias tradicionais, que têm números limitados de páginas ou tempo no ar, as mídias sociais são "infinitas" em seu potencial.

As mídias sociais são representadas em várias formas e funções: fóruns de discussão, blogs, wikis e podcasts, e podem incluir o uso de vídeos ou imagens. Cada uma dessas ferramentas usa um tipo especial de *tecnologia social* (uma plataforma de comunicação que faz com que as conexões sejam possíveis) chamada *Web 2.0*. A Web 2.0 é a fase da internet que possibilita que qualquer um crie informações on-line. É provável que você já tenha utilizado alguma das ferramentas mais populares, como Facebook e LinkedIn, para relacionamentos sociais; Flickr e Snapfish, para compartilhar fotos; Wikipedia e Wikispaces, para colaborar e compartilhar conhecimentos; e blogger.com ou Wordpress para dividir suas ideias através de blogs. Essas são apenas algumas das mídias sociais que estão ganhando impulso através de marketing viral neste exato momento, enquanto escrevemos este livro.

O fogo das mídias sociais permanece com furor e é alimentado pelos fortes ventos de, pelo menos, três forças convergentes: a natureza do ambiente de negócios, a mudança demográfica de trabalhadores e os rápidos avanços na tecnologia de softwares que possibilitam a conexão social. Embora essas forças sejam discutidas com mais profundidade no Capítulo 2, *Mudanças no cenário e o que isso significa para você*, vamos observá-las rapidamente agora.

Mudanças constantes no ambiente de negócios

O fluxo constante de informações tornado possível graças à internet gerou um ambiente de negócios mais complexo – mais informações, mais tecnologias, maiores possibilidades de parcerias, maiores desafios e imprevistos. Além disso, muitas organizações operam em diversos países, e seus funcionários já se habituaram a trabalhar com colegas de todo o mundo. Como as informações estão disponíveis para todos, a habilidade em utilizá-las de forma inovadora tornou-se o marco do cenário atual de negócios. Evoluímos da Era Industrial para a Era da Informação. Funcionários que conseguem sintetizar novas informações, aprofundar pesquisas e criar projetos inovadores são altamente valorizados. O comércio eletrônico mudou a forma como compramos produtos; e as trocas e o consumo também estão mudando. A Teoria da Cauda Longa, descrita pela primeira vez em um artigo da revista *Wired*, em 2004, por Chris Anderson, mostra como as estratégias de marketing e produção estão se modificando, ou seja, as empresas estão contando com a venda de menores volumes de itens únicos para uma maior variedade de consumidores por um longo período. Essa teoria tem sido aplicada às forças de trabalho alternativas também. Por exemplo, o trabalho que era feito por funcionários ou empresas terceirizadas pode ser transferido para uma comunidade maior não definida, que irá contribuir via internet, alavancando o conceito de colaboração em massa.[2] Essa é uma das muitas maneiras pelas quais as empresas estão repensando em como utilizar seus recursos humanos. As ideias tradicionais de que existe um "típico" ciclo de carreira estão se tornando obsoletas.

Mudanças demográficas

Assim como o mundo gira, a distribuição da nossa população global está se alterando. A cada geração, as pessoas se tornam mais tranquilas em trabalhar com as ferramentas da internet, modificando intensamente a natureza do trabalho, seja para o usuário de uma organização sem fins lucrativos ou em um negócio comercial, seja para um simples empregado ou para o executivo sênior.

A Geração Y, também conhecida como Geração Millennials ou Geração da Internet, se sente muito à vontade para se comunicar, conectar e colaborar através das mídias sociais. Na verdade, essa geração exige que as empresas forneçam esse tipo de capacidade. A campanha presidencial de Obama entendeu essa oportunidade e alcançou os eleitores jovens no espaço onde eles "vivem", através das mídias sociais. Muitas pessoas da Geração Tradicionalista, da Geração Pós-guerra e até mesmo da Geração X, porém, ainda não estão muito familiarizados com esse modo de trabalhar e viver. Assim, discutiremos mais à frente por que os líderes que estão se esforçando em utilizar as mídias sociais para recrutar, manter e desenvolver sua mão de obra precisam lembrar que somente um padrão não se aplica a todos os casos.

Softwares que possibilitam a conexão social

As mídias tradicionais – jornais, televisão e rádio – têm sido meios eficientes de comunicação. Porém, com o advento das tecnologias mais recentes, outras formas de comunicação estão proliferando rapidamente. A internet mudou para sempre o modo como nos comunicamos. Os jornais agora estão on-line, a programação do noticiário da televisão está disponível na web, os programas do horário nobre podem ser assistidos nos websites das próprias emissoras e os programas de rádio podem ser baixados e tocados nos dispositivos móveis. Claro, a internet também possibilitou o aumento das mídias sociais focadas em relacionamentos e colaboração, e a velocidade dessa proliferação é impressionante.

Muitos relatórios mostram que, a cada ano, o uso mundial das ferramentas de mídias sociais quadruplicou ou até mais que isso. Diversos tipos de mídia social estão por toda a parte. Não podemos fugir delas. Uma revolução está a caminho. As organizações podem escolher ignorar esse fenômeno por sua própria conta e risco – ou podem escolher incorporar ativamente as mídias sociais em suas operações diárias. Isso pode ser desconfortável para muitos líderes que temem que as mídias sociais vão criar vida própria. Talvez eles não reconheçam o valor de ter seus empregados engajados constantemente na troca de ideias. Contudo, acreditamos que esses líderes cautelosos verão que, em breve, o uso das mídias sociais por seus funcionários é vantajoso para a própria organização, que poderá utilizar essas informações e transformá-las em conhecimento e inovação.

Benefícios em curto e longo prazos

Todas as organizações querem atingir suas metas anuais e manter seu sucesso em longo prazo. Para conseguir os dois, elas devem focar as alavancas-chave de negócios para alcançar resultados em curto prazo (como eficiência operacional e de custo) e não podem se esquecer das habilidades de longo prazo (como gerenciamento de talentos e engajamento de funcionários).

Velocidade e inovação continuam sendo vantagens competitivas em todas as áreas. As mídias sociais podem capacitar as organizações a trazer ideias inovadoras à tona e torná-las frutíferas muito mais rapidamente. Em um mundo interligado e distribuído, existem muitos "sensores" que monitoram atividades e opiniões. Especialistas de todo o mundo podem rastrear o progresso de um ambiente 24 horas por dia, 7 dias por semana, capacitando seus diversos constituintes a operar como um único time, através do tempo e espaço. Além disso, as informações também podem ser utilizadas para se ter uma resposta em tempo real sobre um produto, serviço ou estratégia, permitindo que ajustes sejam feitos rapidamente.

Uma organização pode promover inovações se as trouxer à tona através de seus departamentos e funções. Previamente, os funcionários que não estavam envolvidos com um projeto talvez não tivessem ideia de que poderiam contribuir para os esforços da empresa. As ferramentas das mídias sociais – como fóruns, perfis de redes sociais e wikis – possibilitam que esses indivíduos ofereçam suas ideias e experiências quando o time de um determinado projeto sinalizar que precisa de assistência. Grupos que compartilham interesses podem surgir rapidamente e se dispersar quando não forem mais necessários. Colaboração pode incluir grupos que já foram abandonados anteriormente. O uso das várias mídias sociais pode ajudar as empresas a incluir parceiros externos e clientes através da criação de novas oportunidades de negócio.

Muitas organizações já estão tirando proveito das mídias sociais para estimular o desempenho em curto prazo. Por todo o livro, e em especial nos capítulos 4, *Onde as mídias sociais impactam*, e 5, *Exemplos pioneiros*, compartilharemos como a Cisco, BT, Humana, Intel e outras empresas estão usando estratégias de mídia social que capacitam seus funcionários (e até mesmo ex-funcionários e aposentados) a se comunicar de forma mais eficiente, a acessar informações rapidamente e a colaborar com uma ampla rede de trabalho mundial. Talvez os modos pelos quais as mídias sociais contribuam para a construção de habilidade em longo prazo sejam menos visíveis, pois é um atributo que se baseia fortemente em atrair e manter os melhores funcionários.

Na busca que garanta o interesse de um candidato excelente, algumas organizações usam as mídias sociais no seu processo de seleção, promovendo os valores da empresa e as estratégias com o foco em uma audiência específica. Com o aumento contínuo de fusões e aquisições corporativas por todo o mundo, as mídias sociais podem ter um papel-chave, acelerando a integração e adoção de culturas e valores corporativos, servindo como uma ponte que abrange culturas, promove reconhecimento e entendimento das mais variadas populações, crenças, práticas, produtos e serviços.

De fato, as mídias sociais estão ajudando a transformar todo o domínio das relações humanas. Funcionários podem morar em qualquer lugar se iniciarem projetos, formarem equipes e produzirem resultados. Considerando esse novo mundo de trabalho do século XXI, as organizações podem aumentar o valor dos seus conhecimentos e melhorar suas chances de prosperar por muitos anos se decidirem apoiar, projetar e cocriar estratégias formais para as mídias sociais.

Obtendo a aceitação em sua organização

Embora os benefícios de negócios das mídias sociais sejam importantes, muitos líderes organizacionais e executivos corporativos estão mal-preparados para dominá-las estrategicamente. Nossa meta, com este livro, é apresentar a riqueza e a variedade das mídias sociais e também oferecer uma compreensão aprofundada, além de recomendações das experiências de muitas organizações. Mudanças que são implementadas a esmo podem inibir a produtividade e o comprometimento de funcionários, portanto ofereceremos sugestões para acelerar a valorização e evitar atrasos desnecessários na implementação de programas através das mídias sociais.

Em sua essência, o uso das mídias sociais depende da natureza humana e permeia as energias e fragilidades de nossas emoções. O transtorno do *status quo* é ameaçador para a maioria de nós, especialmente se os processos, as ferramentas e os relacionamentos envolvidos também estiverem mudando. Quando ultrapassando as fronteiras, implementando e adotando novas medidas, as mídias sociais transbordam desafios inesperados, mas os riscos são contrabalanceados pela promessa do sucesso. No Capítulo 6, *Fazendo as mídias sociais trabalharem: um guia*, recomendamos uma abordagem e oferecemos dicas úteis para se obter a aceitação bem-sucedida em sua empresa. Diversas empresas ainda sentirão o valor das mídias sociais mesmo com uma abordagem sem planejamento ou propósito em sua implementação. Muitos funcionários já se comunicam, fazem colaborações e se conectam em suas vidas pessoais, e tais relacionamentos já beneficiam a organização, pois esses funcionários estão mais preparados e prontos para compartilhar conhecimento e a rede de recursos. Com um pouco mais de reflexão e aprofundamento, os benefícios são multiplicados muitas vezes.

Certamente, toda organização é diferente, e a aplicação potencial dos diversos tipos de mídias sociais pode variar muito. Contudo, as instruções que apresentamos no Capítulo 6 oferecem a estrutura básica para se criar redes sociais que contribuem para que as empresas obtenham a maior vantagem de colaboração em tempo real. Os processos podem ser reestruturados ou reconfigurados rapidamente e as empresas, com certeza, poderão colher seus frutos.

Participe da Conversa

Se ainda está se perguntando por que você ou sua organização precisam prestar atenção às mídias sociais, considere os seguintes argumentos: em um mundo de comunicações virais, mudanças e evoluções constantes (ou talvez revoluções!), é imperativo que funcionários e equipes estejam preparados com as ferramentas para conectar, criar novas conexões e se manterem conectados. A habilidade em compartilhar informações mais rapidamente pode levá-lo a tomar decisões melhores e gerar maior comprometimento naquelas pessoas que contribuem em discussões ou que simplesmente leem e se mantêm atualizadas em relação aos problemas apresentados. Funcionários e clientes se tornarão, rapidamente, especialistas em produtos e serviços. Através da formação de grupos que compartilham afinidades, seus clientes, colegas, fornecedores e funcionários podem se tornar seus aliados mais fortes, especialmente quando eles fazem parte da cocriação de seus produtos e serviços. As mídias sociais podem ajudá-lo a formar uma ligação mais próxima com uma ampla cobertura de ideias. Cada executivo precisa incorporar as mídias sociais às operações diárias de sua organização. Trabalhar no novo milênio não é como "parar o relógio e economizar tempo". Simplesmente não é possível. Conforme discutiremos no livro, investir nas mídias sociais pode ajudar no processo da criação de uma vantagem competitiva sustentável.

Estabelecer uma estratégia organizacional de mídias sociais bem-sucedida é desafiador, mas os líderes que não tentarem implementá-la serão deixados para trás, enquanto outros a experimentarão, aprenderão e tentarão novamente. Estamos convencidos de que os corajosos serão, inevitavelmente, recompensados com uma maior saúde organizacional, um melhor desempenho de negócios e sustentabilidade em longo prazo.

Esperamos que este livro forneça uma visão geral das mídias sociais para colaborar com o entendimento das principais ferramentas disponíveis. Contudo descobrimos que entender as várias formas de mídias sociais que existem em um nível intelectual é uma coisa, e que compreender como elas se encaixam na estrutura das interações profissionais diárias é outra bem diferente. Para diminuir a confusão, fornecemos um roteiro simples sobre como apreender, integrar e alavancar os diversos usos das mídias sociais em organizações e comunidades. Mais importante, incluímos exemplos sobre aqueles que talvez estejam um pouco mais à frente, já implementando e aprendendo como tirar proveito das mídias sociais em suas organizações.

Os líderes que entrevistamos compartilharam abertamente suas experiências de como eles implementaram as mídias sociais no trabalho. Esses líderes e organizações visionários estão no mesmo caminho que você. Eles querem que você também participe da conversa, que aumente a sabedoria de todos. Ao final de cada capítulo, você terá oportunidade para compartilhar suas dúvidas e ideias no nosso website de redes sociais.

> Se você é um gerente que está se esforçando para explorar o conhecimento coletivo dos membros do seu time virtual ou um executivo tentando promover uma maior colaboração em suas decisões de negócios, esperamos que as histórias e os exemplos que incluímos no livro façam sentido para você. Se você é um profissional de desenvolvimento que busca identificar culturas ou um líder de recursos humanos que trabalha com o planejamento de sucessão ou expansão de estruturas de liderança, temos certeza de que as mídias sociais podem ajudá-lo. Elas certamente nos ajudaram. Praticamente qualquer líder pode encontrar novos meios de melhorar seu desempenho ou coesão entre os membros do seu time através das mídias sociais. A campanha política do Obama encontrou. Já antecipamos que você encontrará também.

Notas

1. BOSSIDY, L.; CHARAN, R.; e BURCK, C. *Execution*: The discipline of getting things done. New York: Crown Business, 2002.

2. Esse conceito também é conhecido como *crowdsourcing* ou *communitybased design*. Disponível em: <http://en.wikipedia.org/wiki/Crowdsourcing>. Acesso em: 3 nov. 2010.

2 MUDANÇAS
no Cenário e o Que Isso Significa Para Você

Pioneirismo

O sol atravessou a grande janela e aqueceu o escritório de David Woodbury na matriz, em Kentucky, Estados Unidos. Do lado de fora, as ondas sobre o rio Ohio eram produzidas pelo vento insistente, e, a distância, as nuvens negras ameaçavam uma tempestade. Mas Woodbury nem havia reparado no tempo instável daquela tarde. Ele estava imerso em seu planejamento. Rabiscou intensamente em seu caderno, buscando captar a enchente de ideias que resultaram da reunião que acabara de ter com o CEO e com o Comitê Executivo da Humana.

Como diretor de gestão de sucessão, Woodbury é responsável por garantir a prontidão da próxima onda de líderes que sustentarão o sucesso da Humana. Talvez ele não tenha notado as mudanças no tempo de Louisville naquele dia, mas sua reunião energizante foi o resultado da avaliação das mudanças do ambiente dentro e fora da organização de mais de 28 mil funcionários. A Humana passou recentemente por um crescimento notável, e seus líderes têm plena consciência de como os desafios que o crescente aumento com custos de saúde podem afetar seus consumidores. Por ser uma das maiores empresas de seguro saúde, a Humana oferece uma ampla variedade de planos para grupos de empregadores, programas governamentais e indivíduos. A empresa tem evidências de que quando consumidores são mais bem-informados e se interessam mais profundamente pelas questões de saúde, há melhoria nos custos e na qualidade dos serviços. Para a Humana, guiar seus consumidores, fornecedores e decisores em torno desse princípio é a chave para o seu sucesso.

Dentro da empresa, Woodbury e o Comitê Executivo também têm plena consciência dos desafios que enfrentam para identificar e desenvolver fortes sucessores entre seus líderes executivos. Como outras organizações, eles previam o impacto provocado pela aposentadoria de muitos líderes depois de anos de dedicação. Quando esses líderes decidissem deixar a empresa, eles levariam não somente os prêmios da Humana, fotos de seus colegas e boas memórias de suas carreiras, mas também anos de experiência, conhecimento sobre a história da empresa e uma sabedoria que foi conquistada com muito esforço, superando obstáculos e obtendo sucessos. A base da mão de obra da Humana muda conforme os novos empregados – que têm diferentes experiências e perspectivas – são contratados, incluindo aqueles que não fazem parte do setor de saúde. Muitos dos gerentes de nível médio ainda estavam desenvolvendo habilidades essenciais e ganhando a experiência necessária para liderar grandes organizações.

A cidade de Louisville é o lar de um dos mais importantes eventos do turfe norte-americano, Kentucky Derby, e também se gaba de uma longa tradição de laços com a comunidade e seus residentes. A Humana reflete o forte valor da construção de relacionamentos; as conexões entre as pessoas têm se tornado cada vez mais importantes e participar de redes faz parte do dia a dia da empresa. Uma rede profissional de associados pode ter um papel importante na hora de ajudar a atingir suas metas e também em moldar carreiras individuais. Contudo, nos últimos anos, houve um aumento no número de jovens recém-contratados; muitos funcionários, então, não tiveram tempo de construir uma comunidade de recursos, e diversos líderes seniores ainda não puderam descobrir onde estão o talento e o potencial da empresa.

O Comitê Executivo vêm discutindo essas questões há algum tempo e sentiu a necessidade de liderar essa onda de mudanças. Portanto, naquela tarde, Woodbury identificou duas novas prioridades: capacitar seus executivos a identificar o talento de liderança necessário para o sucesso em longo prazo e criar um ambiente que apoie a troca rápida de boas ideias.

Os fundamentos desse plano preencheram a folha de Woodbury: promover a troca de informações entre os novos empregados e os mais antigos, apoiar a criatividade e a inovação, mostrar aos líderes seniores o valor encontrado na colaboração entre os funcionários, melhorar o processo de seleção de talentos chave, capitalizar a cultura de relações e redes, explorar a facilidade que os novos associados têm com as mídias sociais, construir sobre a existente base dos perfis de líderes e criar uma plataforma de relacionamento social que capacite todos os funcionários a explorar as habilidades de seus colegas mais rapidamente.

A Humana começou bem. Para os executivos emergentes, a Humana já havia criado perfis on-line de seus empregados para serem utilizados durante a revisão do processo de sucessão. Esses perfis encorajaram conversas interessantes, incluindo os objetivos profissionais dos candidatos e o plano específico de desenvolvimento mais apropriado. Contudo a empresa reconhece o poder que se pode adquirir se mais funcionários puderem ver os perfis uns dos outros e procurarem por uma especialidade em particular. Portanto, uma das responsabilidades de Woodbury é alavancar esses perfis de uma forma similar ao Facebook ou LinkedIn, com um forte mecanismo de busca embutido. Além disso, Woodbury imaginou seus empregados tendo seus próprios blogs para ampliar conhecimentos, comentários e ideias provocadoras, estimulando inovações.

Desde 2005 a Humana é membro da inovadora rede RoundTable da Escola de Comércio McIntire da Universidade de Virgínia, Estados Unidos, onde as 100 empresas eleitas pela *Fortune* e as grandes agências governamentais compartilham suas melhores práticas na gestão de redes dentro de organizações, na gestão de relacionamentos pessoais e na condução de análises de redes. Como parte dessa comunidade, a Humana está experimentando os softwares de análise das redes sociais para identificar os padrões de comunicação e as pessoas que são os pontos de influência e centros de troca de informação. Woodbury e Hathcock acreditam que talvez possam repetir as melhores práticas desses ultracomunicadores e utilizar intencionalmente os caminhos naturais das organizações para compartilhar informações de modo mais eficiente.

A Humana também emprega simulações com capacidades tecnológicas que ajudam as pessoas a criar uma visão compartilhada de suas estratégias e a interagir de novas formas. A empresa iniciou o uso dessas simulações com seu time de liderança para promover a colaboração multidisciplinar ao redor do seu modelo complexo de negócios e para construir relacionamentos entre a organização, prestadores de serviço de saúde, acionistas e consumidores. A Humana expandiu essa visão sistêmica quando incluiu uma variedade de investidores na experiência de simulação. Hospitais, agências governamentais e representantes de consumidores trabalham juntos para modelar as diferentes maneiras de realizar soluções na área da saúde. Essa estratégia, que engaja a mão de obra e a base de consumidores, está se tornando uma maneira eficiente para se criar uma estrutura que posso proporcionar uma melhor saúde e mais bem-estar entre as diversas populações de clientes da Humana.

A Humana acredita em uma mão de obra engajada e saudável e vê seus funcionários como pessoas realizadas em suas vidas pessoais e profissionais. Porém Woodbury reconhece vários desafios que permeiam as práticas e tecnologias das redes de relacionamento social e, mais importante, as políticas que a empresa pode criar para estabelecer limites. Woodbury afirma: "Gostaríamos de dizer traga "tudo" para o trabalho, mas às vezes não é isso que queremos. A preocupação aumenta com a preocupação que os funcionários possam tomar liberdades e imiscuir sua vida pessoal com o ambiente de trabalho. Além disso, com as diferenças geracionais em jogo, as pessoas têm percepções diferentes. Os Tradicionalistas podem suspeitar de que a produtividade é perdida durante as atividades que envolvem mídias sociais, enquanto os funcionários da Geração Y se sentem confortáveis em navegar pelas mídias sociais com frequência e as vê como um modo de se tornarem mais produtivos. Woodbury está sendo cauteloso ao estabelecer as regras básicas para as suas práticas internas de relacionamento social: "Precisamos alcançar o balanço certo, garantindo o profissionalismo sem engessar a liberdade de expressão".

A Humana acredita que capacitar os empregados e líderes para ver uns aos outros claramente através do website social da empresa melhorará sua habilidade em encontrar e promover talentos. Além disso, conforme os funcionários vão enxergando as forças e experiências de seus colegas, eles se tornam capazes de impulsionar o conhecimento que encontram em suas redes. A Humana valoriza inovações, e essa habilidade em explorar especialidades encorajará a troca de novas ideias entre os trabalhadores da empresa. Seus esforços certamente contribuem para que a organização se torne flexível dentro de um cenário de mudanças e dentro do mundo em que seus consumidores vivem.

As organizações de todo o mundo estão enfrentando os mesmos desafios que a Humana. Elas se deparam com um cenário de mudanças – tanto dentro como fora de suas organizações –, gerando uma necessidade urgente em se adaptar para obter sucesso contínuo.

No Capítulo 1, *As Mídias sociais nas empresas*, discutimos brevemente que as mudanças em três áreas vêm ganhado força e se tornado mais urgentes na última década:

- *A natureza do ambiente de negócios.* Os líderes devem operar em um ambiente muito mais complexo. O mundo está se tornando menor conforme os avanços em comércio eletrônico, transporte e comunicações se diluem pelas fronteiras geográficas que antigamente distinguiam negócios como "locais" ou "nacionais"; agora qualquer negócio pode ser global.
- *Demografia da mão de obra.* A composição da mão de obra está mudando. Idade, conjunto de habilidades e expectativas são diferentes. O legado de sabedoria será perdido com a saída dos aposentados.
- *A tecnologia de softwares que permite a conexão social.* As ferramentas que surgiram agora tanto dentro das intranets quanto dentro dos cafés locais criaram novas oportunidades que facilitam a comunicação e o compartilhamento.

Essas forças estão obrigando as organizações a buscar uma nova perspectiva sobre como elas atingem suas metas. Assim como a Humana, as melhores empresas estão ativamente implementando novos modos de aperfeiçoamento em suas operações internas para que tenham sucesso hoje e amanhã. Muitas organizações mais proativas estão descobrindo que o uso das mídias sociais possibilita outras maneiras para se trabalhar conjuntamente, acelera a produtividade e desempenha um papel importante no desenvolvimento da cultura que irá transportá-los para o futuro.

Neste capítulo, examinaremos esses três condutores de mudança com maior profundidade e consideraremos como as mídias sociais podem fazer parte do preparo para o sucesso das organizações neste novo cenário.

A natureza do ambiente de negócios

Entramos no novo milênio e enfrentamos um ambiente de negócios global que está constantemente se ajustando às mudanças aceleradas. Dentro desse território familiar, algumas oportunidades econômicas podem ser atraentes, mas os desafios podem ser igualmente intimidadores. Como as pessoas se relacionam e como os negócios são conduzidos são muito diferentes de poucas décadas atrás. Nosso ambiente é muito mais complexo do que antes; a globalização tornou o planeta um local de trabalho mais íntimo, e uma carreira realizadora não se parece em nada com os modelos tradicionais do século XX. Vamos dar uma olhada mais de perto.

Complexidade crescente

Uma característica importante da nossa nova economia é que ela se tornou muito mais complexa durante o século passado. Em seu livro, *Powerful times*, Eamonn Kelly, o CEO da Global Business Network, define essa nova realidade como "confusa, complexa e interconectada – e também crescentemente volátil. É óbvio que por mais de uma década vivemos em uma era de mudanças; hoje, parece que também vivemos em uma *mudança de eras*"[1].

Kelly destaca sete *tensões dinâmicas* – forças paradoxais que aumentam a complexidade do nosso mundo. Por exemplo, as grandes alterações nos modelos de negócios e nos paradigmas do comércio global que vivenciamos no século XXI terão um grande impacto nos próximos anos em muito mais do que apenas no comércio internacional. O modo como vemos o poder, comércio, aquisição e gasto de recursos sofreu mudanças enormes nos últimos séculos, e Kelly acredita que, atualmente, estamos no meio de uma economia baseada em conhecimentos que terá "consequências muito maiores para a sociedade, as organizações e os indivíduos".

Considere esse exemplo do século passado. No primeiro dia de outubro de 1908, um novo produto começou a fazer parte do modo de vida dos norte-americanos. O Modelo T foi um audacioso exemplo de inovação. Com o volante do lado esquerdo, motor e transmissão completamente fechados e quatro cilindros fundidos em um só bloco, o mais novo produto de Henry Ford foi transformador, mas, como sabemos, não era só o produto que era novidade, mas o modo como o produto era feito. Ford foi um revolucionário na implementação da linha de produção em massa, criando carros accessíveis para a família comum. Em 1913, o preço de um Modelo T era de 360 dólares, e o aumento das vendas subiu para 472 mil. Em 1918, a metade de todos os automóveis norte-americanos era do Modelo T. Em 1931, Henry Ford certamente teve de lidar com questões de recursos humanos, desafios da cadeia de abastecimento e baixas na produtividade, mas, se consideramos seu mantra – "Qualquer cliente poder ter seu carro da cor que desejar, desde que seja preto" –, podemos ver como os negócios eram muito mais simples durante a virada do século.[2] A produção em massa era o estilo da época. As práticas padronizadas conhecidas, previsíveis e repetitivas associadas à distribuição de recursos humanos, mecânicos e materiais foram essenciais para o sucesso desse modelo de operação de negócio.

Hoje, os líderes das organizações devem utilizar um conjunto de pressupostos operacionais bem diferentes. A abordagem primária para a criação de conhecimento, produtos e serviços não se baseia mais nos modelos mecânicos; agora ela procura novas perspectivas. Como resultado dessa era de mudanças, a estrutura do coletivo social que cria sentido para o nosso mundo também mudou. Por exemplo, a teoria do caos, a teoria da complexidade e o pensamento sistêmico tornaram-se formas úteis de observar e descrever as dinâmicas do mundo aparentemente caótico e imprevisível que nos cerca. Não importa se estamos nos referindo aos negócios, a comunidades ou a um complexo problema científico, as dinâmicas nesse sistema são, muitas vezes, misteriosas e a causa e o efeito não são tão óbvios. Preocupamo-nos cada vez mais em criar *sinergia*, a ideia de que o todo é, de algum modo, mais do que a soma das partes. De fato, a relação *entre* as partes e a *interdependência* delas é que, frequentemente, fazem a diferença.

Com nossas mentes alinhadas na complexidade natural do nosso mundo, percebemos que controlamos muito menos do que imaginamos. Em qualquer ambiente – de negócios, pessoal ou social –, há uma dança entre forças que estão interligadas. Se olharmos bem do alto, talvez possamos ver os padrões que, hoje, são invisíveis para nós, pois estamos mais preocupados com as batalhas sistemáticas diárias das conexões e interações.

Imagine que você está em uma estrada de terra congestionada dentro de um táxi em alta velocidade na cidade de Bangalore, na Índia. Um cruzamento se aproxima e você fecha os olhos, tentando se segurar enquanto o motorista mergulha no caos. Ao sair do outro lado do cruzamento você solta um suspiro de alívio. De certo modo, esses momentos que parecem ser desorganizados e caóticos são análogos à experiência de se navegar pelo "fluxo natural" de energia no Universo (com direito a parachoques e buzinas), como se move a música que não podemos escutar. As organizações operam exatamente do mesmo modo. As mais saudáveis são sistemas vivos que prosperam através da criação e manutenção de conexões fortes.

O que isso significa para os líderes que vivem nesse momento de mudanças? Os líderes devem encontrar meios de conectar seus funcionários por todas as diferentes partes de suas organizações. Na Oracle, os executivos seniores já têm consciência dessas dinâmicas nas suas organizações globais. Em um recente estudo, Kirsten Hanson, do Departamento de Organização Global e Desenvolvimento de Talentos da Oracle, observou como esses executivos seniores lidaram com as mudanças na complexidade da organização. Os líderes desse estudo disseram que os maiores desafios envolviam a interação entre funcionários através das diversas perspectivas e disciplinas do negócio. Eles citaram especificamente três desafios: (1) capacidade de se conectar eficientemente com membros de times virtuais em diferentes fusos horários; (2) gerar colaboração e trabalho em grupos; e (3) operar de modo eficaz pelas geografias e funções.[3] Esses executivos experientes sabem que comunicações abertas e frequentes são mais relevantes para cultivar as conexões entre funcionários. Consequentemente, promover as ferramentas de rede sociais pode se tornar um diferencial estratégico, agregando eficiência às operações globais, pois os capacita a promover uma visão comum da direção da organização, maior colaboração e inovações mais rapidamente por todo o mundo.

Com a quantidade de informações disponíveis multiplicada pelo novo alcance global, as pessoas estão buscando modos de aproveitar as novas capacidades evitando a sobrecarga de informações. Elas se tornaram "trabalhadores do conhecimento" na era da informação. Em um artigo para a revista *CIO*, Tom Davenport comenta sobre o aumento da complexidade com a qual o trabalhador do conhecimento deve lidar. Ele argumenta que, para reduzir a quantidade de tecnologias, os trabalhadores lutam pela *integração* delas, onde for possível: "Na semana passada, por exemplo, conheci muitas pessoas que agora usam os Assistentes Pessoais Digitais (PDA, Personal digital assistants) ou dispositivos que têm telefones celulares – não pelo fato de que são ferramentas interessantes, mas porque podem simplificar a vida".[4]

Afinal, é um mundo pequeno

Em 1995, um menino de dez anos de idade brincava com um controle e observava um grande monitor de vídeo na Califórnia, Estados Unidos, mas ele não estava brincado com um *video game*. Ele buscava os artefatos no transatlântico *Titanic*, submerso a mais de 4 mil metros de profundidade no Atlântico Norte. O nome do robô que o menino controlava se chamava Jason, e o garoto era um dos muitos "argonautas" que participaram do Projeto Jason, criado pelo dr. Robert Ballard, descobridor dos destroços do *Titanic*. Por quatorze anos, dr. Ballard, o Instituto Woods Hole e a Electronic Data Systems, uma empresa de serviços de tecnologia global, fizeram uma parceria para estimular o conhecimento de tecnologias e ciência nos estudantes de todo o mundo. Mais de um milhão de jovens e 22 mil professores participaram de um programa rigoroso que culminou na expedição na qual puderam utilizar suas habilidades e conhecimentos. Os alunos eram selecionados para o time de campo do dr. Ballard, e outros milhares participavam através de *telepresença*, ou seja, através de conversas on-line, em tempo real com os times de campo em locais remotos.

Essas crianças estarão bem-preparadas para o sucesso nas organizações modernas. Os negócios hoje são conduzidos o tempo todo e por todo o mundo. Há pouco tempo, funcionários formavam comunidades porque faziam o mesmo trabalho e porque estavam juntos no mesmo prédio, caminhavam juntos para o mesmo estacionamento e almoçavam juntos no mesmo refeitório. Agora não importa onde você senta. O que importa é que você tem um celular, um teclado e uma conexão com a internet. As ferramentas que possibilitam a comunicação e a colaboração entre as pessoas fizeram com que os funcionários das empresas se tornassem participantes completos de um time global. Contudo, com a mão de obra tão distribuída, as empresas ainda reconhecem que seus funcionários precisam de um sentimento de que pertencem a algo maior.

Eles sabem que devem encontrar maneiras de conectar seus funcionários espalhados por diversos países e trabalhando em escritórios remotos, criando um sentimento de identidade, propósito e compartilhamento de experiências culturais comuns.

Para as empresas globais que trabalham a todo minuto de cada dia é imperativo que se tenha informações em tempo real. Essas informações possibilitam a tomada de melhores decisões de negócios e levam a um melhor desempenho. As empresas devem ser capazes de extrair o conhecimento de seus funcionários sempre que for necessário, e estão utilizando as mídias sociais para ajudá-las nesse propósito.

A habilidade em ser uma organização global não está restrita às grandes empresas. Como já mencionamos, qualquer pessoa, em qualquer lugar do mundo, a qualquer hora pode ser global – desde que tenha uma conexão ativa com a internet, que a possibilite competir no mesmo campo com qualquer organização. Thomas Friedman refere-se a essa nova capacidade como Globalização 3.0. A Globalização 1.0 foi sobre como os *países* se tornaram menos protecionistas; a 2.0 foi sobre como as *empresas* de tornaram globais e não multinacionais; e a 3.0 é sobre como os *indivíduos* estenderam seu alcance globalmente ou o que ele chama de "plataforma do mundo plano"[5].

O ciclo de carreira indefinido

Aos 34 anos, Joann Diaz abandonou seu emprego como coordenadora de escola de ensino médio para viajar para a América do Sul por um ano. Aos 58 anos, Bill Slingland abriu uma agência de consultoria de negócios depois de uma longa carreira em gerenciamento e engenharia de programas. Aos 45 anos, Michele Iverson abriu sua própria empresa de paisagismo enquanto ainda cuidava de seus três filhos pequenos. Há 20 anos essas histórias poderiam ser incomuns. O ciclo de vida de uma carreira costumava ser sequencial, linear e segmentado em três fases organizadas nas quais as pessoas se moviam obedientemente. Você estaria prestes a trabalhar, trabalhando ou aposentado. E também havia uma escada, com degraus a serem escalados dentro de uma carreira sempre para cima. Agora isso não é necessariamente verdade.

Por uma série de motivos, as pessoas estão entrando e saindo de trabalhos e redefinindo o ciclo de uma carreira. Trabalhos de meio período, compartilhados, licenças, terceirização, prestadores de serviços e recontratações tornaram-se opções comuns que podem beneficiar tanto o empregador quanto o empregado. Na verdade, um recente estudo conduzido pela Nielsen mostra que o grupo de pessoas com 65 anos ou mais é o grupo que tem crescido com destaque na categoria de desenvolvimento de carreiras.[6] Trish Bharwada, uma recente aposentada da Dow Chemical Company explica que os aposentados têm conhecimentos profundos sobre as organizações e que ainda podem "desempenhar papéis na Dow".[7] As pessoas já não sentem que precisam seguir o antigo caminho linear; elas podem tecer seus próprios caminhos pelas carreiras que são mais adequadas ao seu estilo de vida, objetivos e necessidades. As empresas estão, portanto, repensando os pressupostos em relação à sua mão de obra tradicional e buscando modos de construir relações mais flexíveis com seus funcionários em longo prazo. O CEO da WallStJobs.com, Robert Graber, destaca que há oportunidades para os negócios que buscam candidatos com experiência. "As empresas inteligentes irão olhar para essas estatísticas e verão uma oportunidade", Graber diz. "Estagiários podem ter qualquer idade. Na verdade, contratar estagiários experientes pode beneficiar seu negócio, pois a vasta experiência do candidato pode ser útil enquanto ele desenvolve novas habilidades e adquire mais experiência de trabalho."[8] O andaime dos trabalhos foi substituído por uma única escada que permite que os trabalhadores se movam para cima, para baixo ou para os lados, propiciando maior flexibilidade e criatividade em suas carreiras.

Susan Van Klink, vice-presidente executiva da SelectMinds, uma empresa de produtos e consultoria de redes sociais, acredita que a relação empregador/empregado é vista como uma *sequência contínua* por toda a vida: "Desde a primeira vez que alguém entra na empresa até a aposentadoria, há uma necessidade em se manter conectado e em explorar essa necessidade dentro do ciclo de carreira, impulsionando-a de diversos modos". Ela afirma que as interações pelas redes sociais tornam-se um veículo que mantém as conexões em resposta a essas mudanças de paradigma.[9]

Diante de um ambiente de negócios inconstante com complexidade crescente, mão de obra global e distribuída e a indefinição do ciclo de carreira, as empresas estão tentando entender como é o novo mundo que habitam e de onde surgirão os recursos humanos que gerarão viabilidade em longo prazo. Elas continuarão a procurar trabalhadores por todo o mundo.

A mudança na demografia da mão de obra

Anos atrás, o número de candidatos para uma vaga nas organizações era limitado ao número de pessoas que residia naquela área geográfica. Hoje a quantidade de candidatos tem um alcance global e sua composição é sem precedentes.

Pelo mundo

Vamos observar rapidamente as populações e onde elas estão no mundo. De acordo com a Base Internacional de Informações, a população global é, no momento em que escrevemos este livro, de 6,8 bilhões de pessoas.[10] Onde elas estão? Os países mais populosos são:

- China (cerca de 1,3 bilhão)
- Índia (cerca de 1,2 bilhão)
- Estados Unidos (cerca de 300 milhões)
- Indonésia (cerca de 250 milhões)
- Brasil (cerca de 200 milhões)

Não é de se estranhar que as mídias falem constantemente sobre as mudanças na dinâmica dos negócios na China e na Índia – a população desses países supera a de outros países populosos com uma grande margem de diferença, e a tecnologia moderna os capacita a interagir mais prontamente no cenário global. A população mundial dobrou entre 1959 e 1999. Espera-se que população dos Estados Unidos continue crescendo, embora esse crescimento deva ser mais lento, chegando aos 9 bilhões de pessoas em 2040.[11] Apesar disso, todo esse crescimento pode nos enganar. Assim como uma geração se aposenta e outra entra no mercado de trabalho, estamos caminhando para a escassez de talentos globais. Nesse período de transição, as organizações devem ser cuidadosas para não operar erroneamente com "muitas das mesmas" posturas. Na verdade, as características dessas gerações transacionais são muito diversificadas, sendo um tópico de discussão para muitos executivos.

O fator das gerações

As gerações são frequentemente definidas pelos maiores eventos históricos nas vidas de seus membros, especialmente durante a infância. Essas experiências compartilhadas determinam o modo como as pessoas enxergam o mundo, suas crenças e comportamentos.[12] Estamos entrando em uma era na qual teremos quatro gerações ativas no mercado de trabalho, e as diferenças entre elas criam desafios intrigantes para as organizações que querem evoluir no ritmo que deixará a concorrência para trás.

Muito já foi escrito a respeito do fator das gerações, e as fontes determinam cada uma delas usando anos de nascimento um pouco diferentes. As informações a seguir não pretendem criar estereótipos; elas se apresentam apenas como orientações que servem aos nossos propósitos, destacando o período entre os anos de nascimento, eventos-chave que moldaram os sistemas de crenças e algumas das maiores diferenças que são consideradas características de cada geração.

- *Tradicionalistas ou a Geração Silenciosa*. Esses indivíduos compõem mais ou menos 7% da população. Nascidos entre 1900 e 1945, passaram pela Segunda Guerra Mundial e a Crise dos Mísseis de Cuba. Valorizam a estabilidade e a segurança.
- *Baby Boomers ou Geração Pós-guerra*. Constituem aproximadamente 18% da população mundial. Nascidos entre 1946 e 1964, passaram pela Guerra do Vietnã e pelos assassinatos de líderes idealistas como Martin Luther King Jr., John F. Kennedy, Robert F. Kennedy e Malcolm X. Valorizam o trabalho em grupo e os direitos humanos.
- *Geração X*. Formam aproximadamente 14% da população global. Os nascidos entre 1965 a 1976 são um grupo bem menor. Eles vivenciaram um período mais pacífico no mundo todo, viram mulheres se

tornarem trabalhadoras enquanto o desemprego aumentava e puderam experimentar o fracasso das empresas pontocom. Valorizam a autocapacitação, estão dispostos a repensar regras comuns e exigem responsabilidades corporativas.

- *Geração Y,* também conhecida como *NetGen, Nexters, Echo Boomers, Geração Millennials* ou *Geração da Internet.* Compõem aproximadamente 24% da população global. Nascidos entre 1977 e 2000, eles vivenciaram uma ampla variedade de eventos ameaçadores, de ataques terroristas a desastres naturais, além da crescente preocupação com o meio ambiente em longo prazo. Valorizam a tecnologia, crescimento pessoal e ativismo social.[13]

As organizações devem entender as características de cada geração caso pretendam atrair e reter as pessoas essenciais para o seu sucesso.

A guerra por talentos

As mudanças demográficas causarão um impacto inevitável no mercado de trabalho. A Geração Pós-guerra, que era a maior até que a Geração Y surgiu, em breve chegará ao estágio tradicional de aposentadoria. Com a indefinição do ciclo de carreira, podemos ver muitos deles ainda trabalhando, mas provavelmente a maioria deles irá buscar cargos menos estressantes. A Geração X é menor, e as consequências disso foram sentidas pelas empresas, como a Humana, que buscam sucessores para os cargos-chave de seus executivos, hoje preenchidos pelos da Geração Tradicionalista que irão se aposentar em breve.

A demanda está excedendo o fornecimento de trabalhadores essenciais. Um estudo mostra uma queda de 10 milhões de trabalhadores até o ano de 2010. Além disso, as empresas temem perder 50% de seus times, compostos pelos gerentes mais experientes, nos próximos cinco anos. Ao contrário da Humana, muitas empresas não têm planos de sucessão e estão, portanto, focalizando suas energias nas estratégias de gestão de talentos, ampliando a capacidade de funcionários. Essas empresas competirão por preciosas novas contratações, e, por isso, estão repensando suas estratégias de aquisição de talentos, buscando descobrir como seduzir os melhores candidatos da Geração Y.[14]

Muitas pessoas dispararam o alarme de uma crise de empregos. Até 2025, 79 milhões de trabalhadores, a maioria da Geração Pós-guerra, deixarão o mercado de trabalho somente nos Estados Unidos. Apenas 40 milhões de pessoas estarão entrando no mercado. Alguns preveem que faltarão 500 mil trabalhadores de TI na Índia até 2010, destacando a natureza multicultural dessa crise. O impacto será forte, criando uma preocupação crescente de que essa falta de trabalhadores poderá, no futuro, prejudicar a infraestrutura socioeconômica que conhecemos hoje.[15] Contudo os da Geração Millennials estão aí e em grande número. Eles levarão o bastão das gerações anteriores para frente. Conforme entram no mercado de trabalho, as organizações devem se preparar para recebê-los da melhor forma possível, e isso começa com o entendimento das expectativas dessa geração.

A conexão Millennial

O significado da Geração Millenniais em nossas organizações hoje e amanhã não é exagerado. Essa nova geração de trabalhadores está mudando a natureza fundamental de como e onde se trabalha. Em primeiro, há uma grande quantidade deles – cerca de 2 bilhões por todo o mundo. Somente nos Estados Unidos são mais de 75 milhões de pessoas que nasceram entre os anos de 1980 e 2000. Em segundo lugar, essa geração pode ser caracterizada como uma mão de obra extremamente diversificada: quase 40% deles nos Estados Unidos não são descendentes de caucasianos. Em terceiro, as emergentes e novas normas sociais talvez sejam diferentes daquelas consideradas pelos Tradicionalistas ou pela Geração Pós-guerra – por exemplo, o conceito de "família nuclear". Quase 25% dos Millennials cresceram em lares unifamiliares e 75% tiveram mães trabalhadoras e famílias menores.[16]

Mas a característica mais notável dessa geração é a notável familiaridade com a tecnologia. Os Millennials cresceram com computadores portáteis, telefones celulares e *video games*. Eles nunca conheceram um mundo sem pagamentos eletrônicos, mensagens de texto ou programas de mensagens instantâneas. Na verdade, eles querem tudo imediatamente, pois sabem muito bem a velocidade com que as informações se dispersam. Os Millennials demandam conveniência para acessar informações e comunicações em tempo real, que satisfazem sua necessidade por conhecimento instantâneo. Eles são chamados de "nativos digitais" porque estão conectados através de seus laptops e telefones celulares e utilizam essas ferramentas com uma habilidade incrível.[17] O gerente de programas de TI da Intel Corporation, Steve Snyder, enfatiza que os funcionários mais jovens esperam ter modos instantâneos e integrados de se comunicar tanto dentro do ambiente pessoal quanto do profissional: "Não é sobre ser social. Escutamos esse pedido em todas as nossas reuniões com a diretoria. Uma funcionária quer saber como pode usar o smartphone hoje e conectá-lo aos seus e-mails. Ela simplesmente espera isso. Acredita que deveria ser obrigatório. Precisamos fazer essa conexão e fornecê-la em um ambiente seguro".

É estimado que aqueles que têm entre 18 e 24 anos permanecem, aproximadamente, dez horas on-line por semana. Esses usuários querem se conectar. Cerca de 20% dessa geração entra em websites de relacionamentos sociais diariamente e formam a maior parte dos usuários de seis websites mais populares.[18] De fato, com o tempo, eles irão utilizar as redes sociais muito mais do que a televisão ou os telefones celulares. Um estudo feito pela Fox Interactive mostra que conforme aumenta o uso de websites sociais pelos Millennials, diminui quase proporcionalmente o uso da televisão, dos telefones celulares e *video games*.[19]

⎯| Millennials fazem a diferença

Os Millennials são considerados a geração que fará a maior contribuição. Por terem testemunhado seus pais da Geração Pós-guerra serem escravizados pelo trabalho, a Geração Y será insistente em relação à flexibilidade, ao equilíbrio entre o trabalho e a vida pessoal e à responsabilidade social corporativa. Alguns acreditam que enquanto a Geração X *argumenta* que as empresas precisam ter uma maior responsabilidade social, os Millennials *vão fazer* de fato algo a esse respeito.

Claramente, essa geração não será como as outras no que se refere a propósitos, motivação, perspectivas e expectativas. Eles valorizam o aprendizado contínuo, a confiança e a flexibilidade. É mais provável que os Millennials vejam o mundo como um ecossistema interdependente e interconectado. Eles irão confiar nas pessoas, não nas instituições, e os amigos terão uma forte influência na Geração Y, talvez maior do que para as outras gerações.[20]

Eles exigirão comunicações e estruturas organizacionais mais horizontais e serão menos leais às empresas como um todo. Além disso, muitos Millennials são o produto do movimento da "psicologia positiva", e, em muitos casos, alguns deles entrarão no mercado de trabalho com o espírito de que esforço equivale à realização.

É importante reconhecer a postura que a Geração Y tem em relação ao trabalho. O provérbio "Eles trabalham para viver, e não vivem para trabalhar" é, provavelmente, a realidade para esse grupo. Na verdade, ao contrário das gerações anteriores, eles não têm medo de abandonar uma empresa se não estão conseguindo o que querem. Em uma pesquisa, 77% dos trabalhadores da Geração Y disseram que os aspectos sociais do trabalho são muito importantes para a satisfação profissional, e 21% relataram que abandonaram empregos porque se sentiam desconectados.[21] O desafio para as empresas será criar contextos culturais que abranjam as demandas dessa geração e ainda manter alta performance e continuidade de execução. Eles terão de enfrentar esse desafio; não há escapatória. Em poucos anos, por todo o mundo, a Geração Pós-guerra irá sair do mercado de trabalho em números cada vez maiores. A Geração X irá alcançar os cargos mais altos de gerenciamento, embora não existam muitos deles para preencher todas as vagas. Os Millennials, então, terão uma presença crescente no mercado de trabalho, e terão a necessidade de estar conectados. As empresas deverão atender a essa expectativa se quiserem sua contribuição.

| Softwares para conexão social |

Dois funcionários se encontram no corredor. *Funcionário um*: "Olá, Bob, você sabia que o blog da Maria está melhorando o processo de reabastecimento?". *Funcionário dois:* "Não, não sabia, mas ainda bem que a Jenny sabia e mandou uma mensagem no twitter sobre as duas maiores mudanças que precisam ser feitas. Eu já avisei o grupo de inventários no LinkedIn e o Joe me mandou uma mensagem para dizer que ele já havia comentado no blog dela e iniciado um fórum para continuarmos a conversa. Quarenta e duas pessoas já acessaram a wiki e adicionaram ótimas mudanças ao seu documento de processos. Isso deve acelerar o... ah! O Lee está me mandando um torpedo avisando que a webconferência vai começar agora".

Apenas uma década atrás, se você tivesse passado por esses dois funcionários no corredor, logo pensaria que eles estavam falando outra língua. O modo como nos comunicamos se transformou conforme as novas tecnologias e mídias sociais facilitaram a conexão entre as pessoas, a qualquer hora do dia ou da noite. O uso dessas ferramentas tornou-se comum em todos os países que usam a internet. Vamos observar onde essas ferramentas são utilizadas, como as pessoas se engajam com elas e como as organizações estão começando a capitalizar sobre o fenômeno das mídias sociais.

A proliferação das mídias sociais

Se você está pensando que a histeria das mídias sociais é uma moda passageira ou um grupo de atividades reservado a um nicho de tecnocratas, considere as seguintes estatísticas sobre a porcentagem de pessoas que utilizam as ferramentas de mídias sociais pelo mundo:[22]

- Leem blogs: Japão, 52%; Coreia do Sul, 31%; Estados Unidos, 25%.
- Comentam em blogs: Coreia do Sul, 21%; Japão, 20%; Estados Unidos, 14%.
- Usam a Wikipedia pelo menos mensalmente: Estados Unidos, 22%,
- Assistem aos vídeos criados por usuários: Estados Unidos, 29%; Japão, 20%; Reino Unido, 17%.
- Visitam websites de relacionamento social: Coreia do Sul, 35%; Estados Unidos, 25%; Reino Unido, 21%.

É inegável que o uso das mídias sociais tenha se tornado um fenômeno global. Na essência de todas as mídias sociais está a necessidade de se conectar com outras pessoas e trocar informações. Os websites de relacionamento social são destinados, especificamente, para conectar as pessoas que não tinham consciência de suas relações. Quando olhamos para as regiões geográficas, o maior uso de mídias sociais está na Ásia, que compõe aproximadamente 35% da população on-line total. Como um todo, a Europa, o Oriente Médio e a África (EMEA) estão em segundo lugar, com 28% de usuários. A América do Norte tem 25%, e a América Latina, 12%.[23] Curiosamente, dentro de um período de 30 dias, 55% dos usuários frequentes da Coreia acessaram um determinado website de relacionamento social, comparados a apenas 24% do equivalente na população dos Estados Unidos.[24] Como relatado por um estudo feito pela *Datamonitor*, "Na Coreia do Sul, apenas um serviço (Cyworld) já tem 18 milhões de contas – quase 30% da população total do país. Os websites de relacionamentos sociais também são 'grudentos', pois os usuários retornam ao website para acompanhar seus amigos e conhecidos"[25].

Como você deve imaginar, os usuários mais novos estão aumentando esses números e com velocidade. Um relatório recente, que inclui 61 mil usuários de bibliotecas nos Estados Unidos, Canadá, França, Alemanha, Japão e Reino Unido, apontou que, entre estudantes universitários, 48% deles disseram utilizar websites de relacionamento sociais em geral; 56% apenas visitam os websites de relacionamento social; e 59% leem blogs.[26] Em outro estudo, 41% das pessoas entre 18 e 34 anos se descreveram como usuários ocasionais de websites de relacionamento social, e 24% se descreveram como usuários ativos.[27] De acordo com o Conference Board, cerca da metade de todos os usuários de redes sociais visita os websites dos quais participam diariamente: "Metade dessas pessoas diz que acessa um website várias vezes durante o dia. Outros membros da família, como irmãos entre 12 e 17 anos, têm uma maior probabilidade de acessar esses websites diariamente, e 57% deles diz frequentarem websites de relacionamento social pelo menos uma vez por dia"[28].

Nos primeiros anos das redes de relacionamento social, as pessoas se mantiveram céticas ao fato de que elas permaneceriam ou não. Em 2005, a escritora da CNET, Molly Wood, previu o término desse modo de se comunicar, dizendo que: "Ouvi dizer que as redes sociais são um problema"[29]. Mesmo assim, o uso das redes sociais continuou a crescer a cada ano. A ComScore, Inc., uma empresa especializada em medir o mundo digital, relatou que o uso de websites de relacionamento social aumentou 25% mundialmente entre junho de 2007 e junho de 2008.[30]

Quem fornece, quem recebe e quem assiste

Para compreendermos melhor sobre os modos como as mídias sociais podem ser usadas nas organizações, vamos observar como os diferentes tipos de empregados tiram proveito dessas ferramentas.

O uso das mídias sociais pode ser feito de várias maneiras, e as pessoas interagem com elas de diversos modos também. Como em todas as interações sociais, alguns as iniciam, outros respondem e outros apenas observam. Claro, ser um espectador é fácil, portanto, não é de se espantar que a maioria das pessoas pertence a esse grupo: 48% dos norte-americanos, 37% dos europeus e 66% dos japoneses e chineses. Sabemos que também existe um grupo de pessoas que adora fazer parte de um grupo ou organização, mas nunca participa de suas reuniões, não lidera projetos nem consegue assinaturas para uma petição. Eles também aparecem no mundo das mídias sociais: 25% da população on-line global faz parte de algum website de relacionamento social. Para aqueles que gostam de responder aos pensamentos de outros, blogs, fóruns on-line e wikis são os lugares ideais nos quais é possível compartilhar suas visões como colaboradores, críticos ou argumentadores. Um em cada cinco norte-americanos, um em cada quatro europeus e um em cada três japoneses estão nessa categoria.

Você já pode imaginar que os mais jovens, homens e mulheres, são as pessoas mais ativas em todas as áreas do que as antigas gerações. Por exemplo, as mulheres da Geração Y estão muito mais propensas a utilizar as mídias sociais do que o norte-americano mediano, mas elas não usam essas ferramentas tanto quanto os homens da Geração Y. Aparentemente, homens têm uma maior inclinação para iniciar interações, tecer comentários no material de outras pessoas, ou apenas observar. Contudo, quando se fala em se tornar um membro de redes de relacionamento, os dois gêneros apresentam os mesmos números.[31]

As organizações podem utilizar essas informações demográficas para compreender melhor quais as prováveis preferências de seus empregados. Dependendo da quantidade de funcionários que a empresa tem, pode ser arriscado igualar o pequeno volume de postagens ao fracasso de uma iniciativa de interação social. Na verdade, os funcionários de todas as gerações participam – e cada qual do seu modo. Dentre os Tradicionalistas, há poucos que iniciam as interações, mas há bastante espectadores. A Geração Pós-guerra precisa dessas ferramentas para compartilhar suas visões de estratégia e ainda manter seu pensamento independente. A Geração X entende bem as tecnologias e é atraída pelas redes de relacionamento e outros meios de expressar e responder às ideias por meio das mídias sociais. E não se engane... os Millennials exigirão o fornecimento de ferramentas para mídias sociais em seus trabalhos. A incorporação dessas ferramentas dentro do fluxo de trabalho normal de uma empresa pode servir como um catalisador da comunicação entre gerações, criando novos veículos que desenvolvam perspectivas e acelerem a realização de objetivos comum.

Sua concorrência entende – e você?

O que tudo isso significa para os líderes que desejam construir organizações bem-sucedidas hoje e no futuro? A resposta é simples: as mídias sociais conectam as pessoas. Elas permitem a comunicação, colaboração e compartilhamento de informações vitais que os funcionários precisam para trabalhar melhor e mais rápido. Elas podem reforçar uma mentalidade global entre as equipes de gestão, garantindo igualdade de perspectivas e inclusão de diversas opiniões.

As mídias sociais são relativamente novas para a maioria das pessoas com mais de 30 anos. Os líderes bem-sucedidos que construíram fortes empresas através de riscos calculados ainda hesitam um pouco, mas o tempo do "aguarde e verá" já passou. Provavelmente seus concorrentes já usam mídias sociais como um veículo para acelerar execução e para aproveitar a energia e ideias dos funcionários.

Um relatório recente descreve como os empregadores estão aprovando o uso das mídias sociais em suas empresas durante as horas de trabalho. Em 2007, somente 37% das empresas permitiam o uso de mídias sociais no trabalho; em 2008, as informações indicavam que 69% das empresas abriram suas portas para as mídias sociais.[32] O relatório detalha que 75% dos empregados já utilizam websites de relacionamento social, como MySpace, Facebook e LinkedIn, para fins profissionais, com aumento de 15% a partir de 2007. Eles estão gerando vantagens dentro da empresa, através da criação de comunidades internas. Líderes, profissionais de RH e consultores de desenvolvimento de negócios estão agindo do melhor modo: 63% das organizações usam as mídias sociais voltadas para o público externo, para construir suas marcas com os clientes; e 61% usam estratégias de mídia social internas para aumentar a comunicação e colaboração entre funcionários. Muitas organizações estão criando vagas específicas para garantir a integração das mídias sociais eficientemente, tirando proveito das vantagens oferecidas por essas ferramentas. Laurie Buczek é a gerente do programa de computação social da Intel. Ela diz: "A Intel vê o uso da computação social como um facilitador essencial para os nossos funcionários. Eu foco somente em como promovê-las internamente, em como trazer essas ferramentas para dentro da empresa. Assim nossos funcionários podem utilizá-las e transformar o modo como colaboramos, nos conectamos e comunicamos hoje em dia".

Outra empresa que já tirou proveito das mídias sociais e otimizou esforços é a Dow. Trish Bharwada já gerenciou a My Dow Network, um website de relacionamentos que expandiu a comunidade de funcionários da Dow. Veja como se desenrola essa história.

Guia — Dow se conecta com seus antigos e atuais empregados

Pioneirismo

Charlie analisava a página da web com atenção antes de clicar no link de Oportunidades de Trabalho. Já fazia seis meses que ele havia se aposentado, mas descobriu que não queria jogar tanto golfe quanto ele acreditava. Na verdade, ele não fez muitas coisas que desejava fazer durante seus anos de trabalho. Mesmo estando feliz em poder jogar golfe a hora que quiser, montar uma adega com calma ou até mesmo mexer no jardim, ele está é sentindo saudades do trabalho. Depois de 26 anos com a Dow, Charlie sentia que era importante para a empresa e para seus colegas. Embora trabalhasse na área de gestão, ele era muito procurado porque tinha experiência prática no departamento de operações. Na verdade, Charlie foi o mentor informal de dois funcionários que ele acreditava que teriam um papel fundamental no sucesso da Dow no futuro. Charlie fazia a diferença, e sentia muita falta disso. Ele também sentia falta de estar conectado a uma organização que fazia a diferença no todo.

Portanto ele se sentiu esperançoso quando acessou o website My Dow Network. Ele esperava encontrar uma oportunidade para se manter envolvido com a Dow de alguma maneira. Alguns de seus amigos, também aposentados, lhe indicaram o website, pois já o tinham acessado, buscando informações sobre a transição entre trabalho e aposentadoria, mas agora eles voltaram ao site para ver quais eram as novidades e ler informações sobre outros aposentados e ex-funcionários. Eles descobriram que o website os mantinha conectados a essa comunidade que ainda era uma parte deles, por isso indicaram o link de Oportunidades de Trabalho para o Charlie.

Embora os personagens sejam fictícios, esta história é real, e a situação é mais comum do que se imagina. A Dow reconheceu o poder das redes sociais e quis aproveitá-lo para construir uma comunidade rica em recursos humanos com contínua participação no sucesso da empresa. Em 2007, a Dow sentia a dor das verdades inevitáveis. Seus executivos sabiam que, nos próximos cinco anos, 40% de sua força trabalhadora iria, provavelmente, se aposentar, levando toda a experiência e conhecimento da empresa com eles. Eles também sabiam que não iriam conseguir preencher todos os cargos, e que esse escoamento de funcionários os deixaria debilitados. Outras empresas poderiam ter esse mesmo desafio e competiriam pelos mesmos jovens talentos. O tempo para o amadurecimento desses novos trabalhadores causaria, certamente, uma queda na produtividade. Os líderes da Dow acreditavam que o maior engajamento de seus funcionários resultaria na retenção de talentos chave e estavam convencidos de que possibilitar a conexão entre empregados era uma estratégia essencial para esse engajamento. Finalmente, eles perceberam que era muito difícil encontrar, contratar e manter funcionárias de alta qualidade. Eles já tinham ótimos programas para mulheres há mais de vinte anos, mas sentiam que era o momento certo para rejuvenescê-los e poder competir melhor por esses recursos preciosos.[33]

Em dezembro de 2007, a Dow lançou a My Dow Network buscando cultivar quatro comunidades: aposentados, ex-funcionários, empregados e mulheres. O *press release* oficial descrevia o website como: "A comunidade on-line fechada permite que seus usuários expandam suas redes profissionais, renovem antigas amizades, mantenham-se conectados às informações atuais sobre a Dow e explorem novas oportunidades de trabalho. Ele também mantém a Dow interligada a uma maior concentração de talentos, incentivando a colaboração e a inovação e agindo como facilitador em um ambiente de trabalho diverso e inclusivo"[34]. Antes do lançamento, em agosto de 2007, Kevin Small, líder do Centro de Gestão de Recursos Globais da Dow foi citado em um artigo da revista *Computerworld*, que dizia: "O objetivo é aumentar o engajamento da família Dow – funcionários atuais e antigos – e permitir que eles se mantenham conectados e atualizados sobre o que a Dow está fazendo caso eles decidam retornar". Para as mulheres, Small descreve a rede como um modo informal de manter contato com mentores e colegas, obter informações sobre como voltar à força de trabalho, ler artigos ou balancear a vida profissional com a criação de seus filhos.[35]

A rede de aposentados sozinha oferece muitos benefícios seus usuários. Ela foi projetada para incluir um mecanismo de busca que identifica outros aposentados, ex-funcionários e empregados com uma seção de destaque que informa quem voltou à

Dow e como eles podem contribuir de novos modos e dividir suas experiências. A rede também foi projetada para apresentar as informações e recursos específicos que são importantes no momento mais oportuno (descontos, convites para eventos da empresa e um fórum onde eles podem fazer perguntas e responder aos tópicos da comunidade).

Durante os três primeiros meses, 800 aposentados se envolveram com o website, criaram mais de 300 mil conexões e fizeram 12 mil buscas específicas.[36] A partir de então, a comunidade continuou a crescer. Aposentados, como o nosso Charlie fictício, encontraram a oportunidade que procuravam para se manter engajados. Eles encontraram as informações de que precisavam, ampliaram suas redes de pessoas e recursos e se tornaram melhores embaixadores para a Dow em um mundo que vai muito além das portas da empresa. A Dow beneficiou-se mantendo seus valiosos trabalhadores do conhecimento mais próximos de "casa", envolvendo-os de forma contínua e criando uma ponte entre novos empregados e a experiência.

A My Dow Network é um dos muitos esforços que a Dow criou para construir uma força de trabalho engajada que aumenta o já complexo ciclo de carreira, como descrevemos anteriormente. Como uma brincadeira relacionada às raízes da Dow na química, eles orgulhosamente apresentaram o Hu[8], um símbolo novo de uma tabela periódica única que diz: "O elemento que falta é o elemento humano e, quando o adicionamos à equação, a química muda. Cada reação é diferente... o elemento humano é o elemento da mudança. Ele nos dá a base para que não tenhamos medo de encarar o futuro"[37]. A Dow está realmente tentando liberar o elemento humano em sua força de trabalho através de novas abordagens, permitindo que as pessoas contribuam e agreguem valor. O alcance on-line da Dow está se tornando essencial no engajamento de seus empregados.

Venha conosco

Neste livro compartilhamos muitos exemplos de organizações como a Dow e a Intel, que entendem como as mídias sociais podem ajudá-las a lidar com as questões mais complexas de negócio, força de trabalho e tecnologia.

Ficamos entusiasmados pelo pensamento inovador dessas organizações que estão mergulhando no século XXI com exaltação e propósito, utilizando as mídias sociais para promover o ganha-ganha entre empregados, clientes e o sucesso dos negócios. A paixão dessas empresas é contagiosa. Elas estão lá fora e aproveitando as oportunidades, mas, antes de se aprofundarem muito, é necessário que elas se familiarizem com as diversas tecnologias para mídias sociais existentes. O próximo capítulo fornecerá os princípios das mídias sociais. No Capítulo 4, *Onde as mídias sociais impactam*, dividiremos com você como algumas organizações estão utilizando essas ferramentas.

Participe da Conversa

Conecte-se a outras pessoas, como você, que estão explorando, experimentando e liderando o uso das mídias sociais para impulsionar o desempenho de suas empresas.

Acesse http://www.socialmediaatwork-connection.com para fazer perguntas, saber o que os outros estão fazendo e acrescentar suas observações e ideias às discussões. Este capítulo levanta as seguintes questões para você e para os membros da sua comunidade:

- Quais fatores o convencem a utilizar as mídias sociais em sua organização?
- Como é o plano de negócios que determina o valor das mídias sociais na sua organização?
- O que você sabe sobre as necessidades e hábitos dos seus empregados em relação às mídias sociais?

Notas

1. KELLY, E. *Powerful times:* Rising to the challenge of our uncertain world. Upper Saddle River, NJ: Wharton School Publishing, 2006.

2. FORD, H. *My life and work.* Whitefish, MT: Kessinger Publishing, 2003. (Originalmente publicado em 1922.)

3. HANSON, K. *Emerging elements of leadership in a complex system:* A cognitivist approach. Dissertação de doutorado não publicada – Universidade de San Diego, San Diego, Califórnia, 2007.

4. DAVENPORT, T. Best practices for supporting knowledge workers. CIO. Disponível em: <http://www.cio.com/article/29822/Best_Practices_for_Supporting_Knowledge_Workers?page=2>. Acesso em: 1º maio 2009.

5. FRIEDMAN, T. *The world is flat 3.0:* A brief history of the twenty-first century. New York: Picador, 2007. p. 10.

6. DENNIS, V. Nielsen report on most trafficked career sites. Cheezhead. Disponível em: <http://www.cheezhead.com/2009/02/26/ved-nielsen-report-on-most-trafficked-career-sites/>. Acesso em: 11 jun. 2009.

7. BHARWADA, T. Comunicação pessoal, 20 abril 2009. Veja também: MCDONALD, Dennis. *Is my dow network a social network?* Disponível em: <http://www.ddmcd.com/my-dow.html>. Acesso em: 10 mar. 2009.

8. CARPENTER, J. Older workers searching for new jobs. Disponível em: <http://www.cheezhead.com/2009/03/30/jc-older-workers-searching-for-jobs/>. Acesso em: 30 mar. 2009.

9. KLINK, S. V. *Corporate social networking* [Webinário]. SelectMinds, 14 maio 2008.

10. U.S. Census Bureau, International Data Base. (n.d.) World population information. Disponível em: <http://www.census.gov/ipc/www/idb/worldpopinfo.html>. Acesso em: 29 mar. 2009.

11. Ibid.

12. ERICKSON, T. *Plugged in: The Generation Y guide to thriving at work.* Boston: Harvard Business School Press, 2008.

13. Ibid.
    ARTLEY, J. B.; e MUJTABA, B. *The art of mentoring diverse professionals.* Hallandale Beach, FL: Aglob Publishing, 2006.

14. KLINK, S. V. *Corporate social networking* [Webinário]. SelectMinds, 14 maio 2008.

15. GORDON, E. *Winning the global talent showdown.* San Francisco: Berrett-Koehler, 2008.
    HANDY, C. *Beyond certainty:* The changing world of organizations. Boston: Harvard Business School Press, 1998.

16. BATEMAN, W. K.; e BATEMAN, K. A. Jessica and Jason meet Maslow: Gen Y and the hierarchy of needs. In: PREZIOSI, R. C. (Editor.) *The 2008 Pfeiffer annual*: Management development. Hoboken, NJ: Wiley, 2008. p. 161-173.

17. ARTLEY, J. B.; e MUJTABA, B. *The art of mentoring diverse professionals.* Hallandale Beach, FL: Aglob Publishing, 2006. p. 91.

18. LI, C.; e BERNHOFF, J. *Groundswell:* Winning in a world transformed by social technologies. Boston: Harvard Business School Press, 2008.
    PIPL. (n.d.) 5 facts about social networking sites. Disponível em: <http://pipl.com/statistics/social-networks/5-facts/.> Acesso em: 25 jan. 2009,

19. FOX INTERACTIVE. *Never ending friending.* Disponível em: <http://creative.myspace.com/groups/-ms/nef/images/40161-nef-onlinebook.pdf>. Acesso em: 23 jun. 2009.

20. DUNCAN, G. J.; BOISJOLY, J.; e HARRIS, K. M. Sibling, peer, neighbor, and schoolmate correlations as indicators of the importance of context for adolescent development. *Demography*, n. 38, p. 437–448, 2001.

21. BUSINESS WIRE. "Connection" and "collaboration" drive career choices for Generation Y workers: SelectMinds study finds. Disponível em: <http://www.businesswire.com/portal/site/google/?ndmViewId=news-view&newsId=20070207005756&newsLang=en.> Acesso em: 11 jun. 2009.

22. LI, C.; e Bernhoff, J. *Groundswell:* Winning in a world transformed by social technologies. Boston: Harvard Business School Press, 2008.

23. DATAMONITOR.. World-wide social networking users by location. Citado em: Will the Real Brad Baldwin Please Stand Up? Disponível em: <http://www.bradbaldwin.com/2007/10/24/world-wide-social-networking-users-by-location/>. Acesso em: 1º jan. 2009.

24. ANDERSON, N. Report: South Korea tops in social networking, US fifth. Ars technica. Disponível em: <http://arstechnica.com/news.ars/post/20070709-report-south-korea-tops-in-social-network-us-fifth.html>. Acesso em: 1º jan. 2009.

25. DATAMONITOR. World-wide social networking users by location. Citado em: Will the Real Brad Baldwin Please Stand Up? Disponível em: <http://www.bradbaldwin.com/2007/10/24/world-wide-social-networking-users-by-location/>. Acesso em: 1º jan. 2009.

26. JSRCC LIBRARY BLOG. Social networking: Opinions and practices of library users and librarians. Disponível em: <http://jsrcclibrary.wordpress.com/2007/11/>. Acesso em: 2 fev. 2009.

27. JACOBS MEDIA. Rockers of all ages use social networking sites. Disponível em: <http://www.jacobsmedia.com/tech3socnet.htm>. Acesso em: 23 jun. 2009.
Veja: RAPLEAF. Rapleaf study of social network users vs. age. Disponível em: <http://business.rapleaf.com/company-press-2008-06-18.html.> Acesso em: 1º jan. 2009.
RAPLEAF. Rapleaf study reveals gender and age data of social network users. Disponível em: <http://business.rapleaf.com/company-press-2008-07-29.html>. Acesso em: 1º jan. 2009.

28. CONSUMER INTERNET BAROMETER. Press release: Social networking takes off. Disponível em: <http://www.consumerinternetbarometer.us/press.cfm?press_id=3413>. Acesso em: 1º jan. 2009.

29. WOOD, M. Five reasons social networking doesn't work. CNET. Disponível em: <http://www.cnet.com/4520-6033-1-6240543-1.html>. Acesso em: 1º jan. 2009,.

30. COMSCORE. Social networking explodes worldwide as sites increase their focus on cultural relevance. Disponível em: <http://www.comscore.com/Press_Events/Press_Releases/2008/08/Social_Networking_World_Wide>. Acesso em: 25 jun. 2009.

31. LI, C.; e BERNHOFF, J. *Groundswell:* Winning in a world transformed by social technologies. Boston: Harvard Business School Press, 2008.

32. MACMANUS, R. Report: Nearly 70% of businesses allow social media usage. ReadWriteWeb. Disponível em: <http://www.readwriteweb.com/archives/report-businesses-social-media-usage.php>. Acesso em: 11 jun. 2009.

33. KLINK, S. V. *Corporate social networking* [Webinário]. SelectMinds, 14 maio 2008.

34. MCDONALD, D. Is My Dow Network a social network? Disponível em: <http://www.ddmcd.com/my-dow.html>. Acesso em: 1º jan. 2009.

35. HAVENSTEIN, H. Dow launches social networking project. 15 de agosto de 2007. Computerworld Networking and Internet. Disponível em: <http://www.computerworld.com/action/article.do?command=viewArticleBasic&articleId=9030719>. Acesso em 25 jun. 2009.

36. KLINK, S. V. *Corporate social networking* [Webinário]. SelectMinds, 14 maio 2008.

37. THE HUMAN ELEMENT VIDEO. Disponível em: <http://www.dow.com/careers/video/index.htm>. Acesso em: 15 jan. 2009.

3 O Que são MÍDIAS SOCIAIS e Como Funcionam?

Pioneirismo

A Association of Test Publishers (ATP, Associação de Editores de Teste) é uma organização sem fins lucrativos que apoia desenvolvedores e fornecedores de testes, fornece ferramentas de avaliação, serviços relacionados à educação, ao emprego, à certificação, ao licenciamento e aos usos clínicos.[1] Criada em 1992, a ATP representa toda a comunidade de testes, estabelece parâmetros profissionais, distribui informações sobre os avanços no desenvolvimento e resultados de testes e também educa o público em geral, explicando quais os benefícios de testes que são realizados adequadamente. Além do mais, a associação promove o cumprimento das leis que envolvem direitos autorais, marcas registradas e quaisquer outros direitos de propriedade intelectual. A ATP pressionou o Congresso norte-americano, as legislaturas estaduais, os tribunais e os órgãos regulamentadores a adotar posições corretas em relação aos testes dentro dos negócios e das comunidades.

A diretoria da ATP gostaria que a associação tivesse um ponto de referência central em que os membros pudessem encontrar e atualizar informações sobre tópicos de interesse específicos e de forma dinâmica. Os membros da ATP são distribuídos geograficamente, por isso eles precisavam de um recurso que centralizasse o conhecimento específico da área. A criação de uma wiki resultou em uma ferramenta que compartilha informações valiosas para seus membros. Por exemplo, um tópico muito procurado fala sobre segurança em testes. As informações-chave, como bibliografia sobre o assunto, links úteis, minutas e notas de reuniões, dicas sobre roubo de propriedade intelectual e dicas na administração de testes foram adicionadas a esse ponto de referência.

A ATP criou agora um conjunto interessante de soluções de mídias sociais que atende a suas necessidades. Cada uma das cinco divisões da ATP tem editores licenciados com certificação profissional e outras entidades que têm interesse em segurança de testes. Além da wiki central, cada divisão tem sua própria wiki, que contém documentos de trabalho, possibilitando a seus membros adicionar notas, receber *feedback* e compartilhar ideias sobre como melhorar a segurança em testes. A ATP aprendeu ao longo do caminho a tornar essas wikis um ambiente de valor para seus membros. Por exemplo, a associação descobriu que seus membros preferem interagir em um ambiente fechado, de acesso controlado. Também descobriu que esse ambiente contribui para a educação contínua dos membros sobre o uso das wikis e como tirar melhor proveito delas.

Qual é o impacto disso? O especialista em segurança de testes e membro ativo da ATP, Jamie Mulkey, Ed.D, enfatiza que as wikis sobre segurança de testes mostram aos membros que: "Estamos por dentro da tecnologia, a estamos utilizando; pensamos no futuro; é um ótimo exemplo de benefício tangível para nossos membros!". Através das mídias sociais, a ATP pode demonstrar, sem medo, o trabalho que seus membros fazem e o valor que a associação gera para eles.

O uso das tecnologias sociais computadorizadas possibilitou que a ATP transmitisse e suscitasse as perspectivas de seus membros de forma muito mais rápida do que as tradicionais reuniões e e-mails. Além da rapidez, a qualidade e a consistência do trabalho de seus membros aumentaram, pois as mídias sociais possibilitam novos modos de conexão e colaboração entre peritos de teste. Os membros sentem que fazem parte de uma comunidade maior que lhes dá orgulho pessoal e profissional.

Durante o ano de 2008, a rede global de televisão CNBC transmitiu um comercial para o Banco Wachovia (que agora é parte da Wells Fargo), mostrando uma série de exemplos sobre a conexão humana: "Ela está comigo", "Estou com a banda", "Estou com eles".

Todos querem "estar com" outros. A necessidade por uma conexão e por fazer parte de uma comunidade está profundamente inscrita na psique humana. As conexões nos dão um senso de identidade, um propósito, o sentimento de que fazemos parte de algo maior. Talvez cada um de nós seja profundamente inconsciente do fato de que todos nós estamos, de algum modo, conectados. Estar cara a cara com alguém não é necessariamente um critério.

Já vimos que a necessidade de estar conectado pode criar um número infinito de grupos com afinidades que buscam compartilhar informações sobre interesses em comum. A ATP é um desses grupos que está se beneficiando em fazer parte de uma comunidade. A essência dos grupos de afinidades é o desejo de compartilhar ideias, fazer perguntas, ajudar e ser ajudado na busca de seus objetivos. Assim como as pessoas aprenderam a recorrer aos mecanismos públicos de busca para obter respostas sobre qualquer assunto, elas também estão aprendendo que outros indivíduos podem ser excelentes fontes de informação. Em muitos casos, obter informações através de outras pessoas é melhor porque um valor intangível já vem agregado a elas: contexto, experiência e opiniões. Quando se está aprendendo ou criando algo novo, a habilidade em encontrar alguém que possa ajudá-lo não tem preço. Mais uma vez, as mídias sociais *possibilitam* que as pessoas se *conectem, comuniquem* e *colaborem*. O potencial para aumentar a produtividade e melhorar resultados dentro das empresas é enorme, mas como começar pode ser intimidante. Nos capítulos 4, *Onde as mídias sociais impactam*, e 5, *Exemplos pioneiros*, veremos muitos exemplos de como as organizações estão usando as mídias sociais, mas, primeiro, vamos estabelecer as bases, explicando quais são os tipos principais de mídia social. Este capítulo desmistifica as mídias sociais, explicando quais são as tecnologias mais comuns e como elas funcionam.

O que é mídia social?

Lana tem 53 anos, é muito bem-educada e experiente. Ela é responsável pela contratação corporativa para uma grande companhia aeroespacial. Sentada do outro lado da mesa, diz em voz baixa: "Ok, o que é exatamente a 'Web 2.0'? É um aplicativo? Uma plataforma? Uma linguagem de programação?". Ela não é a única pessoa confusa. Um novo vocabulário, muito ambíguo, está em jogo. Diversos termos – como Web 2.0, tecnologia social, computação social, mídias sociais – são usados de maneira incongruente. Neste livro, focamos o termo *mídias sociais*, definindo-o através das diversas ferramentas disponíveis atualmente que ajudam a aceleração e o desenvolvimento das habilidades de conexão, comunicação e colaboração.

Muito do que hoje consideramos como mídia social teve seu início em 1997 com um site de relacionamento social, que uniu muitas pessoas on-line, chamado http://www.SixDegrees.com[2], e que encerrou suas atividades em 2000. Ele era um pouco à frente de seu tempo, e as pessoas ainda não estavam acostumadas a compartilhar suas informações de forma tão pública. Apesar de seu término, o Six Degrees criou muitas das características que hoje vemos nos websites de relacionamento social e em outras plataformas de mídias sociais. Hoje, as mídias sociais abrangem todos os recursos com acesso à internet para que exista a comunicação através de diversos meios – áudio, vídeo, texto, imagens e qualquer outra combinação ou troca possível. Os novos usuários vão se familiarizando com essas ferramentas e, frequentemente, se sentem desconfortáveis com o processo que determina qual delas é a mais "adequada" às suas necessidades. Algumas pessoas questionam se essas ferramentas se tornarão padrão ou se são meramente uma tendência passageira.

Independente da longevidade dessas ferramentas, elas têm se tornado cada vez mais populares e acessíveis a qualquer pessoa que tenha uma conexão com a internet e estão, cada vez mais, fazendo parte de nosso cotidiano.

Os principais integrantes das mídias sociais

Para entender quem são os "integrantes" mais importantes das mídias sociais, iremos focar alguns deles, e observá-los em detalhes; assim você poderá tornar algumas dessas "tintas" ótimas ferramentas em sua "palheta". Referimo-nos aos blogs, wikis e sites de relacionamento social como "os três", porque eles parecem ser as formas mais comuns de mídia social em uso. Se considerarmos a velocidade e o desenvolvimento dessas ferramentas, saberemos que, em breve, "os três" serão outros, e outras formas de mídia social serão mais utilizadas. Por enquanto, essas tecnologias representam uma ampla variedade de ferramentas para conectar as pessoas on-line. Além "dos três", falaremos brevemente sobre outras ferramentas que existem dentro do mundo das mídias sociais.

Em cada uma das próximas seções começaremos com uma definição simples da ferramenta, descrevendo como ela funciona, quais são os usos mais comuns e seus possíveis usos dentro de uma empresa. Falaremos mais sobre os usos organizacionais nos capítulos 4 e 5. Incluímos a porcentagem de usos dessas descrições e, a menos que seja dito o contrário, essas estatísticas são procedentes da Pesquisa On-line Tecnografia Social Norte-americana da Forrester, que inclui mais de 10 mil consumidores nos Estados Unidos.[3]

Blog

Em termos simples: *um diário individual aberto ao público, que convida seus leitores a escrever comentários de interesse.*

A palavra *blog* é o diminutivo de "web log". O autor escreve sobre assuntos que são relevantes para ele, tópicos nos quais ele ensina algo, ou até mesmo simplesmente suas reflexões curiosas sobre o dia. O que o autor escreve no blog é chamado de *post*, e a frequência com a qual o autor escreve seus posts depende do tópico ou do blogueiro. Existem diversas ferramentas que possibilitam que qualquer pessoa crie o seu próprio blog. O website Blogger.com é, talvez, o mais conhecido. De acordo com a pesquisa feita pela Forrester, 11% dos consumidores adultos norte-americanos editam, mantêm ou atualizam um blog.

Os leitores dão mais força ao blog através de comentários, expandindo, elogiando ou criticando suas ideias. A possibilidade de responder aos comentários de outras pessoas cria um diálogo fora de sincronia. Obviamente, não são todos os leitores que escrevem comentários. Na verdade, 25% dos adultos norte-americanos leem blogs e somente 14% deixam comentários.

O propósito primário de um blog é para que o autor (blogueiro) compartilhe seus pontos de vista. As grandes empresas também usam blogs para se comunicar com seus consumidores, estabelecer seus pontos de vista e moldar a marca como desejam, mas esse é o uso externo dos blogs corporativos, pois há também uma grande variedade de usos para os blogs *dentro* das organizações.

| **Dentro da empresa** | Desenvolver um senso de direção corporativa compartilhada é difícil. Para os executivos das grandes empresas, os blogs podem ser uma oportunidade para atingir seus empregados com um toque mais pessoal. Um blog é muito mais amigável do que um e-mail impessoal enviado para todos os funcionários da empresa. Dentro das organizações, os blogs são ferramentas úteis que compartilham a visão de líderes executivos, líderes de projeto, influenciadores-chave, especialistas ou representantes de grupos. Um blog também pode ser uma ferramenta eficaz de aprendizado: participantes de um treinamento podem escrever uma análise sobre um problema estratégico. Por exemplo, os executivos da IBM têm diários públicos (similares aos blogs) nos quais compartilham seus objetivos, as decisões que tomaram e as lições que aprenderam.

Líderes de organizações voluntárias ou sem fins lucrativos podem inspirar e engajar seus times através de blogs. Essa maneira "virtual" de "reunir as tropas" possibilita a troca de informações e feedback contínuo, explorando o valor dos esforços dos membros. Convidar blogueiros que pertencem à blogosfera para escrever no seu blog é uma forma de mostrar gratidão e informar o grupo a respeito do impacto que causam. Responder aos comentários solidifica o comprometimento do time, pois eles sentem que seus esforços fizeram toda a diferença.

Wiki

Em termos simples: *um website em que diversas pessoas podem colaborar criando um trabalho conjunto, através de edição ou de acréscimo de conteúdo ao site.*

Ward Cunningham se lembra de um funcionário do Aeroporto Internacional de Honolulu que lhe disse para pegar o "ônibus wiki wiki" para ir até o outro terminal, explicando que "wiki", em havaiano, significa "rápido". A palavra ficou em sua mente e, depois de considerar nomes menos interessantes, como "web rápida", escolheu-a para nomear sua criação, lançada na internet no dia 25 de março de 1995.[4]

As Wikis oferecem um espaço comum para que um grupo de pessoas crie um projeto de forma conjunta. A Wikipedia, talvez a mais conhecida das wikis, é um convite aberto a todos com o intuito de educar as pessoas sobre qualquer assunto. Se você procurar a palavra *wiki* na *Wikipédia*, você encontrará a seguinte definição: "uma página ou coleção de páginas da web projetadas para permitir que qualquer um que a acesse contribua ou modifique seu conteúdo, usando linguagem de marcação simples. As wikis são utilizadas para criar websites colaborativos e para alimentar websites de comunidades"[5].

Embora essas descrições enfatizem a habilidade em criar websites, os colaboradores de uma wiki frequentemente as usam como espaço de trabalho para criar documentos de planejamento, brainstorming, pesquisas ou para desenvolver ideias. A única diferença é que esse documento flexível é uma página da web.

Muitas ferramentas gratuitas permitem a criação de uma wiki, sendo wikispaces.com e pbwiki.com as mais comuns. Embora algumas dessas ferramentas exijam conhecimentos básicos em HTML (linguagem de marcação de hipertexto), a maioria não requer nenhuma habilidade especial. O criador, conhecido como administrador, dá o nome à wiki e começa a criar as páginas. Ele pode adicionar páginas, criar links para outras páginas dentro da wiki ou fora dela e criar um menu de navegação, tudo em um clique de mouse. Além disso, a grande maioria das ferramentas de wiki permite que os administradores e qualquer outro colaborador adicionem arquivos de qualquer tipo (fotos, documentos, vídeos etc.) que podem ser visualizados ou baixados por seus visitantes.

O que está acontecendo do outro lado da conexão? O administrador avisa a comunidade que a wiki está disponível para receber ideias, e os membros podem editar cada página, adicionando as suas contribuições às de outros membros ou as modificando, como preferirem. Embora erros nas informações possam acontecer, o conteúdo é validado e corrigido pelos próprios usuários.

As wikis têm, basicamente, três configurações de privacidade. As wikis públicas permitem que o público visualize e edite a wiki. As wikis protegidas permitem que o público visualize a wiki, mas limita a edição aos membros selecionados da comunidade. Em algumas wikis privadas a visualização e edição só estão disponível para membros. Algumas, agora, incluem uma quarta configuração de privacidade que possibilita que os administradores customizem os direitos de visualização e edição para cada membro da comunidade.

Páginas de discussão são outra característica das wikis. Elas servem como uma espécie de espaço de prática paralela ou caderno de rascunhos em que os contribuidores justificam suas alterações ou discutem sobre o que deve ou não ser adicionado. O administrador recebe, através de notificações automáticas por e-mail, alertas sobre as mudanças feitas em páginas específicas.

As wikis estão sendo usadas de diversos modos. Assim como o caso da ATP, as organizações sem fins lucrativos podem utilizá-las para compartilhar informações entre funcionários ou voluntários e engajá-los em objetivos comuns, fornecendo ferramentas e recursos. A comunidade científica também está se beneficiando com o uso das wikis. Por exemplo, a Wikipedia tem um website enorme dedicado ao Projeto Genoma, e a página de discussão do projeto em si é um tesouro, rica em pensamentos inovadores. Steven L. Salzberg escreve no website da PubMed Central que a anotação de genomas se torna obsoleta com o tempo, apresentando um enorme desafio para a comunidade de pesquisa e sugere as wikis como uma ótima solução: "Uma 'wiki de genomas' pode fornecer a solução que procuramos para a anotação de genoma. A wiki permite que a comunidade de especialistas descubra qual é o melhor nome para cada gene, indique dúvidas onde for apropriado e discuta anotações alternativas"[6].

| **Dentro da empresa** | Dentro das organizações, as wikis permitem a colaboração em grande escala. Era comum encontrar equipes que trabalhavam sob o mesmo teto, mas a globalização, as mudanças no estilo de vida e na tecnologia culminaram na criação de uma força de trabalho que está espalhada pelo mundo e raramente se senta à mesma mesa. As ferramentas da Myriad existem para ajudar membros de organizações – corporativas e sem fins lucrativos, grandes ou pequenas – a trabalharem juntos, apesar da distância e dos fusos horários diferentes. A wiki é uma dessas ferramentas.

Por exemplo, a Universidade de São Francisco utilizou a wiki para pesquisar e determinar quais ferramentas de wiki deveriam ser usadas pela instituição. Foi pedido a uma força-tarefa que pesquisasse sobre as diferentes ferramentas de wiki e analisasse, em uma wiki, os benefícios e inconveniências de cada uma delas. A wiki permitiu que o corpo docente aprendesse de forma conjunta, compartilhando descobertas e ideias sobre como incorporar um conjunto de ferramentas da Web 2.0 dentro das comunidades da faculdade e melhorar sua própria eficácia como instrutores.

Vamos observar as organizações civis. Na Nova Zelândia, o ministro da segurança reconheceu que a bíblia que os rege, a Lei Policial, está desatualizada e é inadequada como guia dentro do cenário moderno. A Lei Policial estabelece como o policiamento é feito na Nova Zelândia, prevê a existência do serviço policial nacional e delineia como devem ser suas operações. A Lei Policial de 1958 já foi revista mais de 25 vezes como parte de um esforço contínuo para que se mantivesse atualizado em relação às mudanças do país. Porém chega um momento em que existem muitas fontes da verdade e as revisões podem prejudicar a eficiência e o intuito do documento original, portanto, o governo lançou um grande esforço para rever a Lei Policial. O esforço envolveu diversas reuniões com consultores especializados, representantes do governo, a força policial e o público. Em setembro de 2007 uma wiki foi adicionada ao processo como um modo inovador para coletar opiniões e ideias do público em relação à nova Lei Policial. A fonte de colaboração se expandiu pelo globo e contribuidores internacionais deram suas sugestões sobre todos os aspectos da estrutura policial neozelandesa – de operações globais até procedimento diários. As informações obtidas através dessa "Lei Wiki", como se tornou conhecida, foram adicionadas às outras fontes de informação e se tornaram essenciais na criação da Lei Policial revisada de 1 de outubro de 2008.[7]

Nas chamadas wikis empresariais, as corporações sempre buscam meios para economizar ou tornar a implementação de uma solução wiki mais eficiente. Embora as ferramentas wiki wikispaces.com e pbwiki.com sejam comuns, duas ferramentas wiki populares, a Twiki.org e a Socialtext.com, são utilizadas dentro das grandes empresas para criar wikis que protegem suas *firewalls*. A Twiki se autointitula como um sistema de gestão de conhecimento e plataforma de colaboração empresarial flexível, poderosa e fácil de usar. Ela é conhecida como um tipo de wiki estruturada, frequentemente usada como um espaço para o desenvolvimento de projetos, um sistema de gerenciamento de documentos, uma base de conhecimentos ou outra ferramenta de colaboração dentro de uma intranet ou na internet focada somente na criação de wikis para uso interno. De forma similar, a Socialtext é uma organização que oferece diversos "softwares sociais" que ajudam as empresas a ganhar eficiência em seus processos e aproveitar o talento coletivo de seus empregados. A caixa de ferramentas inclui redes sociais, espaços de trabalho wiki, web logs, painéis de controle, mensagens sociais e planilhas compartilhadas.

Websites de relacionamento social

Em termos simples: *um website que permite que as pessoas compartilhem informações sobre si próprias e busquem por outras com o intuito de fornecer e receber informações ou formarem relações benéficas.*

A definição que damos é intencionalmente simples; inclui o caráter básico humano, o elemento essencial da internet e a ampla variedade de propósitos e objetivos de seus membros. Acreditamos que os websites de relacionamento são uma forma essencial de mídia social que vai além das técnicas "tradicionais" de socialização, permitindo alcance exponencial, chegando a grupos específicos e destacando "talentos" escondidos.

| **Não é a rede da sua avó** | Em seu livro, *Networking magic*, Frishman e Lublin descrevem que o termo networking é baseado em relações: "É o desenvolvimento de uma equipe que irá apoiar seus esforços e os esforços de seus companheiros de rede para alcançar seus respectivos objetivos. Networking é formar vínculos e compartilhar. É conectar com pessoas que têm interesses e objetivos em comum e que generosamente trocam informações"[8].

Um pouco de tecnologia pode mudar tudo. "Antigamente" – há uma década – quando queríamos informar ou sermos informados ou se quiséssemos criar relações, teríamos de fazer parte de algum clube, como Kiwanis Club, Rotary Club, o clube de campo local ou Leads Club. Esse era o meio pelo qual encontrávamos pessoas que talvez tivessem os mesmos interesses que nós ou que talvez nos ajudassem a atingir nossos objetivos, grandes e pequenos. Frequentemente, essas pessoas conheciam *alguém* que tinha a informação que procurávamos.

Embora as redes sociais tenham suas raízes nos métodos tradicionais de socialização, a propulsão da internet as transformou em um modo rápido e específico para encontrar quem ou aquilo que procuramos. Essas transformações estão ao nosso redor – por exemplo, os classificados dos jornais viraram o *eBay* e o *craigslist*. Um panfleto grudado em um poste se tornou o Upcoming.com, um website de pesquisas que compartilha eventos e reuniões dentro de comunidade. Encontrar o financiamento certo se tornou o Zopa.com, um website "social" que conecta indivíduos que querem emprestar ou tomar dinheiro emprestado. Feiras de trabalho se tornaram os websites Hotjobs.com e Monster.com, websites para procura de empregos.

O que está acontecendo nessas transformações? A tecnologia possibilitou que o processo, que era aleatório, lento e limitado, se tornasse muito rápido e focado, podendo alcançar qualquer indivíduo no planeta que tenha uma conexão com a internet.

| **Audiência específica** | Websites de relacionamento social permitem que diversas pessoas formem grupos com interesses comuns. Quando você tem ideias ou questões, pode colocá-las em comunidades que já existem dentro de um website e receber centenas de respostas rapidamente. Mesmo que você não conheça os membros daquele grupo pessoalmente, seu pedido atingiu um núcleo específico que provavelmente tem a resposta que você busca.

| **Alcance inesperado** | Outra característica das técnicas de socialização através das redes de relacionamento é a capacidade de ter um alcance inesperado. Por exemplo, se você escreveu uma pergunta dentro do grupo de afinidades do LinkedIn para os membros da Rede de Desenvolvimento Organizacional, ela pode ser vista por 2,8 mil pessoas ou mais. Contudo, qualquer um desses indivíduos pode repassar sua pergunta para membros de suas redes pessoais. Considerando que as redes de cada indivíduo variam em tamanho, as possibilidades de novas conexões variam também, mas o crescimento exponencial é surpreendente. Por exemplo, uma pessoa com uma rede pessoal de 100 pessoas pode gerar até 1,6 milhão de conexões se apenas uma pergunta for repassada por todos os membros da rede.

| **Identificando e destacando talentos escondidos** | Michelangelo acreditava que a imagem final da sua escultura estava presa dentro do mármore, escondida até que ele pudesse revelá-la, removendo as partes que a envolviam. As estratégias dos sites de relacionamento dentro das empresas funcionam da mesma maneira. Uma vez que uma pergunta é feita para um grupo maior ou surge um líder informal, aqueles que podem contribuir saem de suas tocas para dar sugestões ou fazer comentários para alcançar uma solução. Eles são atraídos pelos assuntos nos quais eles têm interesse ou "podem contribuir com seus talentos". É como se eles se libertassem da empresa que os cerca, trazendo a resposta certa na hora certa.

Hoje, as pessoas que participam de conversas através de websites de relacionamento social tipicamente procuram "amigos" ou "conhecidos" ou buscam interações com alguém específico. Um *perfil on-line* é um currículo social que permite que outros usuários tenham uma ideia breve de quem você é.

Os perfis são a estrutura primária que possibilitam a conexão entre os participantes da vasta rede de relacionamentos.

Esse tipo de interação geralmente resulta na criação de grupos com interesses especiais, conhecidos também como *grupos de afinidade* ou comunidades de prática. Essas relações podem formar conexões com pessoas que têm interesses, atividades e objetivos comuns. É importante lembrar que o poder dos relacionamentos sociais está na habilidade em explorar essa rede que, antes da internet, não estava disponível. Muitos websites de relacionamento permitem que seus usuários vejam suas próprias redes e as redes de seus amigos, e as redes dos amigos dos amigos etc.

Uma enorme quantidade de websites de relacionamento social apoia uma ampla variedade de interesses e práticas. Os três websites mais populares são o MySpace, Facebook e LinkedIn, que atraem milhões de usuários diariamente. Embora qualquer pessoa possa utilizar um website de relacionamento com diversos propósitos, cada um deles atende a um público específico.

Por exemplo, o MySpace é voltado para adolescentes, e aproximadamente 88% de seus usuários têm menos de 35 anos.[9] O Facebook inicialmente atraía usuários mais jovens. Atualmente, cerca de 90% de seus usuários têm menos de 35 anos,[10] mas ele está ganhando usuários mais velhos e corporativos. O LinkedIn é voltado para o grupo profissional que busca trabalho, recursos ou informações específicas que possam ajudam em seu trabalho ou em suas aspirações profissionais.

Através da participação em uma rede de relacionamento social, você está, implicitamente, convidando outras pessoas para se comunicarem com você por qualquer motivo que elas achem necessário, portanto, ler o perfil de outras pessoas funciona como uma apresentação rápida. Essa norma implícita facilita as conexões de indivíduos relativamente tímidos.

Muitos daqueles que no início adotaram os websites de relacionamento social nos Estados Unidos nasceram depois de 1964. Em outras palavras, as pessoas da Geração X, nascidos entre 1965 e 1976, foram o primeiro grupo que cresceu explorando as novas possibilidades da internet. Como já discutido no Capítulo 2, *Mudanças no cenário e o que isso significa para você*, os Millennials, que nasceram depois de 1977, cresceram confortavelmente com a internet e a parafernália da comunicação moderna. Esses jovens usuários impulsionaram o sucesso do MySpace e do Facebook, os sites que têm o maior uso dentro dessa faixa etária. Desde abril de 2009, o MySpace tinha 32% dos usuários dentre os dez mais importantes websites de relacionamento. A mesma pesquisa mostrou que o Facebook tinha cerca de 27% dos usuários. Embora sejam parcelas enormes de usuários jovens, muitos acreditam que esses números cairão conforme esses usuários se tornem mais velhos e desenvolvam necessidades de relacionamento mais sofisticadas.[11]

A popularidade e crescimento no uso de websites de relacionamento são espantosos. Reportar quais são as quantidades de uso total não faz sentido porque os números aumentam exponencialmente a cada dia. De acordo com o autor e especialista de marketing na internet Marty Fahncke, o Facebook atrai 250 mil novas pessoas a cada semana. Além disso, um em cada quatro norte-americanos adultos on-line usam, pelo menos, um website de relacionamento social.[12]

| **Dentro da empresa** | Enquanto a maioria das empresas está estruturada através de funções, geografias, serviços ou produtos, as redes sociais cortam essas barreiras superficiais ao meio e "achatam" as comunicações. Desafios, problemas e oportunidades requerem que as informações dentro de uma empresa sejam frequentes e compartilhadas. Na verdade, essa informação não segue o tradicional caminho vertical, que escorre para baixo dentro da clara hierarquia organizacional. Em vez disso, a solução mais rápida e eficiente para se resolver um problema surge no meio do caminho, dentro de um labirinto desestruturado e informal. Esse lugar nebuloso geralmente é chamado de "espaço em branco" e é onde a comunicação geralmente ocorre de forma horizontal e plana. Os websites de relacionamento social podem facilitar essa comunicação lateral, ignorando as estruturas tradicionais que limitam o fluxo de informação, disponibilizando-a para todos.

Outros usos corporativos incluem projetos, planejamento de sucessão, gestão de talentos e gestão de conhecimento. Imagine como qualquer um desses esforços pode ganhar força e rapidez se todos os funcionários tiverem um perfil que traz informações essenciais: habilidades, interesses, experiências de mercado, experiências globais, línguas, cargos de liderança, avaliações de desempenho, recomendações de colegas, histórias de sucesso, realizações, as maiores lições aprendidas, estilos de trabalho, afiliações externas etc. No Capítulo 2 vimos como a Humana está explorando uma ferramenta interna de relacionamento social que é similar ao Facebook e que contém um perfil detalhado de cada funcionário. A Humana pode explorar esse potencial, pois tem em mãos ótimos recursos para a gestão de talentos e esforços no planejamento de sucessão. Exploraremos essas oportunidades com maior profundidade nos capítulos 4 e 5.

Fóruns de discussão

Em termos simples: *um lugar onde perguntas podem ser feitas ao público ou a uma comunidade específica. Respostas e comentários podem ser adicionados e vistos por todos.*

Os fóruns de discussão remetem às "linhas de diálogo", que foram tão populares nos anos 1990, especialmente nas universidades e grupos de pesquisa. Esses fóruns permitem que indivíduos troquem informações significativas rapidamente, seja a respeito de uma questão, sugestão, recomendação ou avaliação. Comerciantes logo entenderam o valor dos fóruns de discussão. Você vai comprar móveis na Target? Leia as críticas e opiniões de clientes para aprender mais sobre quais móveis são um bom investimento e quais são, simplesmente, uma decepção.

| **Dentro da empresa** | Fóruns de discussão são uma excelente ferramenta para encontrar respostas às dúvidas mais comuns. Assim como nos fóruns do mundo real, as pessoas buscam empatia e respostas, e seus colegas estão ansiosamente esperando para ajudá-los. Uma equipe de pesquisa em Paris talvez faça uma pergunta à comunidade. A resposta está escondida na mente de um colega em Bangalore.

São 11h45 da noite de um domingo e você está dando os toques finais na apresentação que fará na manhã da segunda-feira para o diretor de operações e toda a sua equipe. Um ponto-chave que você quer destacar é que o novo processo de aquisições ainda pode ser otimizado. Para encontrar as informações necessárias para o seu argumento, você vai até o fórum de discussão corporativa e procura por "aquisições". Instantaneamente você tem 24 linhas de discussão que começaram desde a implementação dos novos processos de aquisições. Seis desses fóruns falam sobre problemas específicos, e você pode avaliá-los e absorver as preocupações mais relevantes dos funcionários de todo o mundo. Além do resumo que fornecerá, você também incluirá algumas citações que descrevem as situações críticas. Você tem uma visão mais precisa e atual dos problemas corporativos através desse recurso... e você fez tudo isso às 11h45h da noite!

Outro uso comum para os fóruns de discussão dentro das empresas busca reduzir a carga do departamento de suporte técnico. Em vez de ligar ou procurar um serviço de suporte on-line, os funcionários podem procurar por discussões dentro de um fórum sobre a resolução de problemas comuns. Eles normalmente encontram as respostas que procuram, porque esses fóruns compartilham informações como perguntas e respostas frequentes. Os fóruns geralmente estão ligados a um grupo de afinidades ou comunidades de prática. Por exemplo, o grupo de qualidade talvez tenha seu próprio fórum para compartilhar melhores práticas em mensuração de resultados; o grupo de desenvolvimento de produtos talvez use o fórum para compartilhar informações ou para verificar o andamento do processo de desenvolvimento de qualquer produto a ser lançado. O espírito generoso das comunidades é vital para o sucesso desses fóruns. O fórum de discussão é uma ótima maneira de motivar funcionários através de um ambiente de trabalho colaborativo, que os faz sentir parte de um todo, em que suas contribuições são úteis. As discussões advindas desses fóruns permitem observar como o diálogo é feito entre os membros da equipe que ainda não se conhecem, mas que têm experiências semelhantes dentro da empresa.

Fóruns corporativos de discussão também são importantes para as estratégias de aprendizado e desenvolvimento. Uma pergunta provocativa pode ser feita a um grupo de aprendizes, e a discussão permite que as ideias evoluam de modo que os alunos aprendam uns com os outros. Agora pense na situação inversa: funcionários que expõem questões ou ideias provocativas para os líderes executivos a respeito das direções estratégicas da empresa. Essa "conversa" entre executivos e funcionários não é somente genuína e autêntica, mas tem grande potencial para unir esses dois grupos.

Microblog

Em termos simples: *um "miniblog" que consiste em 140 caracteres ou menos (o número máximo de caracteres visíveis nas telas de telefones celulares) que responde à pergunta básica: "O que você está fazendo?"*. Essa mensagem é recebida em telefones celulares ou computadores das pessoas que escolhem receber suas atualizações.

Há apenas alguns websites primários de microblog: Plurk, Jaiku e Twitter. Os maiores websites de relacionamento social (Facebook, Myspace, LinkedIn e XING) também possuem uma forma de microblog, muito embora ela seja chamada de *atualização de status* nesses websites. Talvez a ferramenta mais admirável de Microblog durante a elaboração deste livro seja o Twitter. Apesar de ser uma das tecnologias mais recentes a chegar ao mundo das mídias sociais, seu crescimento é constante. Ele surgiu em São Francisco, Estados Unidos, dentro da empresa de podcast, Odeo, em 2006. Jack Dorsey sentia que precisava melhorar o contato com seus amigos; ele ficava imaginando o que eles estavam fazendo. Para satisfazer sua curiosidade, Dorsey criou o Twitter como um projeto de pesquisa e desenvolvimento que rapidamente se tornou uma ferramenta interna da empresa. Em agosto de 2006, o Twitter foi lançado publicamente através da nova empresa de Dorsey, a Obvious, e foi um sucesso com seus novos usuários. Parece que essa curiosidade é contagiosa e que todos queriam saber o que amigos e familiares estavam fazendo. Em maio de 2007, a Twitter Incorporated foi criada, e a curiosidade se tornou epidêmica. Em setembro de 2008, a comScore relatou que havia 5,57 milhões de visitantes no Twitter,[13] um aumento de quase cinco vezes no número de visitantes no ano anterior. Agora até mesmo políticos do mundo todo, como o governador da Califórnia, o utilizam para se comunicar.

O Twitter possibilita que seus usuários mantenham contato com amigos ou qualquer outra pessoa que considerem interessantes. Cada mensagem que tenha 140 caracteres ou menos é chamada de *tweet*. Os usuários podem procurar por pessoas específicas e escolher "segui-los", recebendo tweets dessas pessoas em seus telefones celulares ou computadores. Muitas pessoas ficam perdidas ao começar a usar o Twitter, pois, à primeira vista, parece que ele promove uma atividade sem importância, mas seu poder está nas informações úteis contidas nessas breves mensagens. Você compartilha recursos com aqueles que escolheram escutar o que você tem a dizer e você optou em receber informações de pessoas que, provavelmente, irão dizer o que você quer escutar. Imagine que está em uma conferência profissional e acabou de escutar uma palestra incrível sobre um livro muito interessante. Você manda um tweet para seus seguidores: "Na conferência de Líderes Internacionais. Ótimo palestrante sobre mídias sociais corporativas. Livro fascinante: Mídias Sociais nas Empresas". Instantaneamente eles recebem em primeira mão uma informação que é, provavelmente, relevante para a maioria deles.

As organizações estão começando a enxergar o valor do microblog. Na Zappos, 435 de seus 1,3 mil empregados estão no Twitter. O CEO Tony Hsieh é designado como o Número 1 do Twitter, com 800 mil seguidores. Ele é um fã incondicional das ferramentas de relacionamento social e revela suas perspectivas ao dizer: "Em um primeiro momento pode parecer estranho, mas prometo que se você convencer seus amigos a participar e se todos vocês o utilizarem por duas semanas, ele irá mudar a sua vida. Você irá se perguntar como vivia sem isso"[14]. E como você pode imaginar, é uma grande ferramenta para se construir cultura dentro da sua empresa e uma base de clientes fiéis e engajados.

| Dentro da empresa | Muitas empresas estão descobrindo o valor do microblog. A IBM já vem explorando diversas tecnologias que permeiam as mídias sociais, e o Blue Twit é uma solução fundamentada no Twitter. A IBM tem mais de 400 mil funcionários por todo o mundo e percebe que os dias em que se entrava no escritório do colega para uma conversa rápida acabaram. É impossível para um funcionário que está trabalhando em um problema complexo fazer uma xícara de café e ir discutir suas ideias no refeitório ou falar sobre assuntos pessoais, como, por exemplo, o jogo de futebol do filho. Hoje os funcionários buscam meios para compensar a falta desse contato pessoal. A IBM acredita que o Blue Twit é uma das formas de se fazer isso.[15]

Imagine quais as possibilidades que existem quando se tenta criar harmonia nas relações entre membros de equipes virtuais. O Twitter é uma ponte rápida e de fácil acesso entre pessoas, permitindo que elas tenham uma breve ideia de como seus colegas de culturas e fusos horários diferentes (ou até mesmo de colegas da sua cidade que trabalham em casa) vivem, o que os motiva e o que é importante para eles. Esse entendimento contribui para que todos trabalhem mais eficientemente.

O poder do microblog também está na sua onipresença. Os membros de uma equipe podem discutir sobre ideias-chave, não sendo importante onde estão ou o que estão fazendo. Se essas pessoas estão em um trem indo para o trabalho ou na fila de um café, ou assistindo ao jogo de futebol do filho, eles têm pequenos momentos que podem preencher com uma ideia brilhante, um novo desafio ou um excelente *insight*, que pode ser compartilhado com outras pessoas em tempo real. As respostas geradas através desse tweet podem mudar totalmente os objetivos da equipe.

Podcast

Em termos simples: *Séries de sessões de áudio disponíveis para download, que são enviadas para assinantes, sob demanda, para escutarem em seus computadores ou em aparelhos de MP3.*

Os arquivos de áudio de um podcast são gravados e colocados em um servidor de internet. O criador, também chamado de *podcaster*, pode utilizar diversas ferramentas para criar um arquivo .mp3 ou .wav. Uma das ferramentas mais conhecidas é o Audacity, um aplicativo gratuito disponível para download que permite que você faça suas próprias gravações e produza arquivos de MP3. Uma vez que o arquivo é criado, ele é carregado em um servidor e se torna disponível para ser usado em blogs e websites. O ponto mais importante ao se criar um podcast é que ele possibilita a distribuição desse arquivo para assinantes. Andrea é uma assinante típica de podcasts. A vida dela ficou muito mais fácil quando a apresentadora de televisão Oprah Winfrey disponibilizou uma série de podcasts. Ela simplesmente foi ao website de podcast da apresentadora e clicou no botão que diz "Podcast para o iTunes". O aplicativo do iTunes se abriu automaticamente e exibiu um link para confirmação da assinatura. Agora ela terá um novo podcast disponível na biblioteca do iTunes todas as terças-feiras, pronto para ser escutado no computador ou no MP3, enquanto Andrea passeia em sua bicicleta.

Esse é um benefício-chave dos podcasts: a conveniência. É uma forma muito prática de se fazer mais quando não podemos fazer muito – durante uma longa jornada até o trabalho, arrumando o jardim, tricotando uma blusa, pintando um cômodo etc.

| **Dentro da empresa** | Os podcasts são um novo meio para se comunicar dentro das empresas e podem ter inúmeras aplicações. As possibilidades talvez sejam mais claras dentro das áreas de aprendizado e desenvolvimento. A Geração Y se sente bem confortável em baixar e escutar uma miniaula que expande o alcance do ensino fora da sala de aula.

Dentro de pequenos negócios, empresas sem fins lucrativos e grupos voluntários, os podcasts podem funcionar como um meio para que seus líderes compartilhem suas estratégias, o sucesso de vendas da empresa ou até mesmo novas regulamentações que podem afetar as decisões dos funcionários. Podcasts são muito úteis para grandes empresas globais que têm uma base de funcionários móveis. Esses funcionários já se acostumaram a baixar e escutar arquivos enquanto executam outras tarefas. Jessica é representante de vendas e precisa ter mais informações sobre seu próximo cliente antes de encontrá-lo pessoalmente. Durante o voo, ela escuta o perfil padrão da empresa e o *feed* de notícias, que assina, sobre o cliente, também escuta seus próprios arquivos de áudio que descrevem o contato, a personalidade do cliente e as necessidades de seus decisores-chave. Quando o voo pousar, Jessica terá todas as informações necessárias.

Na Oracle, podcasts são utilizados como ferramentas educacionais para diversos grupos. Membros de uma equipe podem fazer a assinatura de um podcast e, conforme novas gravações são feitas, eles as distribuem diretamente para seus funcionários. A equipe de vendas pode receber informações sobre atualizações de produtos, líderes podem escutar discussões feitas por outros líderes do segmento e equipes podem compartilhar podcasts entre si. Um grupo até mesmo utilizou um podcast durante o processo de planejamento estratégico: em um lugar distante, a equipe se dividiu em três grupos e os membros trocaram seus aparelhos de MP3. Cada grupo decidiu trilhar um caminho diferente e todos foram instruídos a fazer pequenas pausas em lugares específicos: "Essa é a parada número dois. Perceba como o tronco da árvore se entrelaça ao redor da pedra. Nós gostamos de ter ótimos relacionamentos com nossos parceiros externos. No próximo ano, como podemos tornar nosso relacionamento com eles melhor de modo que nossos esforços se entrelacem? Quando você estiver pronto, desligue seu aparelho de MP3, compartilhe ideias com seu grupo e registre seus pensamentos mais importantes para a reunião". Quando retornaram, os grupos compartilharam suas respostas às mesmas questões de planejamento, mas cada um deles havia ido para um lugar distinto que permitiu essa discussão. Cada grupo participou de uma experiência única e inesquecível na qual seus membros puderam ter uma discussão interessante, trilhar um caminho desconhecido e fortalecer o trabalho em grupo.

Webconferências

Em termos simples: *uma conferência para pessoas que estão em lugares diferentes que possibilita que os participantes se vejam através do monitor de um computador e interajam em conversas ao vivo através do telefone ou VoIP (Voz sobre Protocolo de Internet).*

As webconferências surgiram no final dos anos 1990 e ganharam muitos recursos desde então. As características mais comuns desse tipo de mídia social incluem a capacidade de questionar participantes, receber resultados instantâneos e compartilhá-los com todos. Os apresentadores podem permitir que o controle da webconferência seja compartilhado ou transferido para outra pessoa a qualquer momento, desse modo, os participantes podem se beneficiar com informações sobre toda a equipe. O recurso para bate-papo permite que os membros de um time possam ter pequenas conversas paralelas, fazendo perguntas ou comentários para indivíduos ou para todo o grupo.

| **Dentro da empresa** | Hoje em dia as webconferências são muito comuns dentro das empresas, sendo, geralmente, o modo como as equipes fazem suas reuniões, colaboram na criação de documentos e tomam decisões conjuntas. Pelo fato de que cada membro pode ver a tela do apresentador, essas webconferências funcionam como uma versão da reunião tradicional na qual as pessoas se sentam ao redor de uma mesa e recebem informações sobre o assunto a ser discutido. A webconferência permite que membros de uma equipe de todas as partes no mundo estejam juntos, pois é somente necessário que se tenha uma

conexão com a internet e alguns recursos, como é o caso das conferências de vídeo. As três ferramentas para webconferências mais comuns são a Webex, GoToMeeting e LiveMeeting. Algumas empresas, como a Oracle, já desenvolveram suas próprias soluções.

Mundo Virtual

Em termos simples: *um ambiente de simulações dentro da web em que qualquer pessoa pode viver uma vida imaginária – ter uma nova identidade, abrir um negocio, comprar, vender, encontrar pessoas ou apenas passear.*

A Geração Pós-guerra assistiu ao filme *WestWorld – Onde ninguém tem alma*; a Geração X assistiu ao *O vingador do futuro*; e a Geração Y, ao *Matrix* – histórias de pessoas comuns que de repente se viram em mundos paralelos. Diferentemente dos personagens desses filmes que estão presos nesse novo ambiente, as pessoas hoje *podem escolher* viver em mundos virtuais. Você também poder viver, em tempo real, uma vida paralela que só existe dentro do éter. Mundos virtuais incluem Entropia Universe, There e Active Worlds, mas o mundo virtual mais utilizado é, provavelmente, o Second Life (SL). Palavras como "avatar", "Linden dollar" e "grid" são termos que você aprenderá quando se tornar membro da tribo do SL. Um avatar é uma representação simulada por um computador de uma pessoa. O Linden dollar é a moeda corrente do Second Life, e grid é a coleção de servidores do SL que cria, por exemplo, a representação da paisagem desse mundo virtual.

Se você não gosta de quem é na vida real, se sempre quis testar um novo modelo de negócios ou se quer fazer uma festa com 200 convidados que você nunca conheceu, o Second Life é o seu lugar. Ele foi criado pelo Linden Labs em junho de 2003 e se tornou uma referência dentro da pequena, porém crescente, comunidade de fãs. Em setembro de 2008, um pouco mais de 15 milhões de contas foram registradas no SL. Aproximadamente, 38 mil residentes estão on-line dentro desse mundo virtual a qualquer hora.

| **Dentro da empresa** | Os mundos virtuais têm muitos usos dentro das empresas, especialmente quando se refere ao aprendizado. Eles oferecem

ambientes simulados perfeitos, contribuindo para que os funcionários desempenhem seus papéis e experimentem sem medo de prejudicar vendas ou o atendimento ao cliente. Dentro do Second Life, qualquer organização pode se tornar um residente. Uma pequena amostra de empresas que estão no SL inclui a BMW, Sony, Vodafone, Virgin, Reuters, Reebok e ABC TV. Os mundos virtuais oferecem inúmeros aplicativos que possibilitam o aprendizado, desenvolvimento de produtos, pesquisas de mercado e vendas. As empresas podem ter reuniões globais dentro desses mundos virtuais e podem convidar outros membros ou parceiros para participar. As reuniões podem ser feitas em ambientes feitos sob medida, com decorações que refletem a cultura da empresa. Os desenvolvedores de produto podem fazer simulações, testar opiniões de usuários e construir protótipos. Contudo, você deve observar que os termos de serviço do Second Life estipulam que todos seus residentes tenham os direitos autorais sobre sua própria propriedade intelectual, o que o torna um ambiente relativamente seguro para experimentar novos modelos de negócios, novos produtos etc.

Mundos virtuais também são parte das instituições de educação superior. Por exemplo, a organização sem fins lucrativos Eduserv descobriu que 80% das universidades do Reino Unido participam de atividades de ensino e aprendizagem dentro do SL.[16] Há uma ilha na grid que se chama Scilands. Ela é inteiramente dedicada à educação nas áreas de ciência e tecnologia, e hospeda diversas organizações, incluindo o Museu Internacional de Voos Espaciais, a NASA, o Instituto Nacional de Saúde e o Laboratório de Propulsão a Jato, dos Estados Unidos.

Utilizar os mundos virtuais como a próxima geração da webconferência é um modo muito claro de aplicá-los ao mundo dos negócios. Imagine que sua equipe, que está distribuída por todo o mundo, decida fazer uma reunião – dentro do grid, é claro – em um resort (que pertence e é operado por um rico avatar hoteleiro... que na vida real talvez seja seu vizinho, o eletricista). O time de avatares se senta ao redor de uma grande mesa, discute suas preocupações, mostra videoclipes, cria debates, revisa documentos e toma decisões... Tudo isso antes das 4 da tarde, quando todos vão socializar no bar com outros executivos que se reuniram no mesmo resort. Nada mal para quem quer reduzir gastos com viagens!

A profundidade e amplitude do uso das mídias sociais dentro das organizações estão expandindo, como podemos ver através da variedade de ferramentas descritas aqui. Embora tenhamos explorado o que muitos consideram ser os principais tipos de mídias sociais disponíveis, existem dezenas de outras ferramentas e plataformas – as mais recentes estão sempre sendo atualizadas. Cada ferramenta que discutimos aqui possui uma enorme quantidade de aplicações dentro das empresas, seja para destacar desenvolvimento e aprendizagem, gerar avanços em inovações, seja aumentar o engajamento de funcionários. Então, como organizar o conteúdo criado por essas mídias? Vamos discutir sobre isso a seguir.

Atalhos para Eficiência: Marcações e Feeds de RSS

O espírito empreendedor e os avanços contínuos da tecnologia nos mantêm imersos em novos websites, ferramentas e aparelhos. Às vezes até mesmo nos assustamos com tanta informação. Embora pudéssemos discutir sobre muitas outras tecnologias de mídia social, existem duas ferramentas que merecem atenção especial. Elas nos ajudam a criar mais valor através das mídias sociais, possibilitando o acesso à informação quando mais precisamos. Marcações e feeds de RSS devem ter sido criados por aquelas pessoas que são muito organizadas e nunca esquecem onde deixaram suas chaves. Em nome do resto de nós, muito obrigado!

Marcações

Em termos simples: *designar uma palavra-chave a uma informação, que irá ajudá-lo a encontrá-la quando necessário.*

Em 2004, Robert estava trabalhando no seu projeto final de história espanhola. Ele havia passado horas procurando informações na internet e imprimindo os textos mais relevantes. Ele colocou pequenas notas nas primeiras folhas de cada artigo que tinha separado, classificando-as por tópicos chave. Robert então separou os artigos de acordo com suas marcações, e os frutos de seu trabalho ficaram espalhados por todo o chão do quarto em seis pilhas organizadas: Fenícios, Mouros, Inquisição, Dinastia de Bourbon, Franco e Democracia.

Hoje, a tarefa de Robert é muito mais simples graças a um sistema chamado marcação, também conhecido como *tagging*. As marcações de *metadados* são as palavras-chave que designamos às informações que encontramos na internet, para podermos acessá-las quando conveniente. Um conjunto de marcações é chamado de *folksonomia* em vez de taxonomia. A diferença é sutil, mas importante.

Taxonomias são como pastas de arquivos ou estruturas de marcação encontradas dentro dos discos rígidos de nossos computadores. Dentro de uma taxonomia comum (hierárquica), um documento ou informação é, geralmente, armazenado no "lugar mais adequado". Quando você quiser procurá-lo, é bom saber se você o "armazenou" corretamente.

Por sua vez, a folksonomia é uma estrutura que funciona de baixo para cima. O usuário marca cada informação com uma ou múltiplas palavras-chave, *tag(s)*. Não há certo ou errado e não há limites para o uso de tags para qualquer informação. Desse modo, o usuário pode buscar palavras-chave que são importantes para encontrar as informações (páginas da web) mais adequadas a suas necessidades. Um criador de conteúdo que deseja que suas informações caiam nas mãos certas irá adicionar tags aos blogs, artigos e websites que contêm as palavras-chave mais apropriadas.

O website Delicious.com é um utilitário social que permite que seus usuários façam marcações sobre websites e adicionem tags a essa marcação para facilitar uma futura busca. O Delicious dará sugestões de tags existentes assim que você começar a digitá-las, para que você não crie, acidentalmente, duas versões da mesma tag (como "ferramenta" e "ferramentas"). O Delicious também permite que você organize suas tags em grupos, chamadas de "nuvens de tag".

A parte *social* do Delicious é a habilidade em compartilhar marcações. Em 2009, enquanto Robert estava trabalhando em sua tese de doutorado sobre a imigração espanhola, ele tinha mais de 22 mil marcações dentro de

19 nuvens de tag na sua conta no Delicious. Ele ficou sabendo que sua prima estava escrevendo uma tese sobre as populações imigrantes no Havaí na virada no século. E como muitos espanhóis imigraram para o Havaí para colher cana de açúcar nos anos 1900, ele rapidamente enviou a ela suas marcações com as palavras-chave "Havaí" e "navios". Ela, então, instantaneamente, teve acesso à extensa pesquisa de Robert e, como agradecimento, ela enviou suas marcações com a palavra-chave "Ibéria".

O Delicious talvez tenha sido o precursor, mas muitas tecnologias sociais já adicionaram esse elemento importantíssimo em seus serviços. Existe um sistema de marcação dentro do Flickr (ferramenta de compartilhamento de imagens), Technorati (mecanismo de busca), Digg (website de compartilhamento de conteúdo da web com ferramentas de avaliação) e dentro "dos três" – blogs, wikis e websites de relacionamento.

Feed de RSS

Em termos simples: *um pedido para receber atualizações de websites (blogs, wikis, artigos de notícia etc.) que são enviados ao leitor diretamente, logo que as atualizações são feitas.*

A sigla RSS significa *Really Simple Syndication* e é um modo pelo qual leitores de um website recebem alertas sobre mudanças em seu conteúdo. Criadores e gerenciadores de websites utilizam um alimentador de RSS que disponibiliza informações àqueles que desejam receber suas atualizações. Isso garante que a mensagem que eles estão mandando será ouvida pela audiência do website.

Podemos pensar no feed de RSS como um assistente de busca que reúne as notícias de hoje e as coloca em nossas mesas. Se Carl deseja saber quais as novidades de seus três maiores concorrentes e ter mais informações sobre o blog de um especialista, ele poderá contar com o RSS. Em vez de entrar em todos os websites diariamente, Carl simplesmente clica no ícone de RSS que existe dentro desses websites. Então um agregador de RSS, que funciona como um assistente, sondará os websites que foram selecionados e, se houver qualquer mudança dentro deles, o agregador irá listá-las em um só lugar –

tipicamente, na homepage do Yahoo ou do Google. É como se ele tivesse pedido para um assistente buscar as informações mais recentes sobre tópicos específicos, criando seu próprio jornal on-line personalizado.

Obviamente, o feed de RSS é uma ferramenta valiosa, não importa em qual lado da internet você esteja. Se você quer colocar sua mensagem no mundo e quer que ela fique disponível para possíveis interessados, crie um *feed* de RSS no seu website. Se você é um usuários que busca as novidades e mudanças em diversos websites, ter um leitor de RSS torna-se indispensável – o assistente mais acessível que você pode ter.

| Tecendo a trama |

É difícil fazer distinções dentro das mídias sociais porque elas funcionam de modo combinado, integrado e entrelaçado. Um exemplo simples disso é um arquivo de vídeo ou áudio dentro de uma wiki ou acrescentar fotos em qualquer site de relacionamento. Na verdade, muitas ferramentas de tecnologia social permitem que sejam usadas diversas combinações de mídias sociais.

Por exemplo, a ferramenta Voicethread permite que as pessoas adicionem uma imagem ao website e convida a comunidade a criar comentários que podem ser escritos ou vir em forma de gravações de áudio ou vídeo. O componente de relacionamento social está no fato de que, cada vez que um comentário é feito, a foto e o perfil do usuário são adicionados às respostas. Além disso, os participantes podem escrever suas ideias em um caderno ou usar um marcador de texto para apontar, circular e colorir essas imagens. Essa "conversa" é registrada e pode ser alterada a qualquer momento. Muitas pessoas podem imaginar a utilidade que arquitetos e estilistas encontram nessa ferramenta, seja para projetar um edifício inovador ou a próxima coleção outono-inverno.

Um exemplo mais elaborado é popularmente conhecido como *mashup*, ou seja, a integração de diferentes fontes de informação dentro de um website. Criar uma mashup é mais complexo do que simplesmente incorporar mídias utilizando a informação de terceiros através de aplicativos programados para isso. As mashups servem para dar um novo sentido à informação e apresentá-la de um modo único e útil que serve ao propósito do website.

Em ambos os casos, a rede tem belas cores e texturas. Dentro dos esforços de relacionamento social, as empresas podem tecer todos os tipos de mídia social que sejam adequadas a suas necessidades. A Oracle Corporation é um exemplo de uma organização que usa diversos tipos de mídia social.

Pioneirismo – as mídias sociais na Oracle

Na líder mundial de softwares corporativos, Oracle Corporation, não faltam funcionários que entendem tudo de tecnologia. Eles gostam de descobrir como as novas tecnologias podem melhorar o desempenho organizacional de seus cliente e têm as mesmas oportunidades que muitas outras empresas através do uso variado das mídias sociais.

Pioneirismo

A mensagem surgiu na tela de Steve: "Será que essa rede social irá nos ajudar no dia a dia?". Steve é um membro dos Serviços de Consultoria da Oracle, e, depois de pensar um pouco, sentiu que deveria responder: "Acredito que sim. A Oracle Connect tem o potencial para nos ajudar no dia a dia especialmente se a expandirmos de uma ferramenta que contém grupos, ideias, blogs e questões para um utilitário editorial social completo, incluindo uma wiki e gerenciamento de conteúdo, arquivamento etc. Acredito que uma solução integrada é essencial para que haja o gerenciamento eficiente de conhecimento dentro da nossa organização".

Quando Jake leu essa mensagem, ele interrompeu a conversa: "Essa é a nossa meta!". O diretor de estratégias de produto Jake Kuramoto conhece bem a Oracle Connect, a rede social utilitária interna para funcionários. A Oracle Connect começou como um experimento e cresceu de modo a se tornar uma ampla ferramenta de colaboração e conexão entre pessoas e informações dentro da Oracle. O ambiente de trabalho da Oracle é rápido e baseado em inovação e tecnologia. A empresa tem os princípios e uma cultura de "autoatendimento", e os funcionários utilizam essa tecnologia sempre que possível para melhorar a qualidade ou a eficiência de seus serviços. Por possuir uma ampla base de informações, as pessoas podem encontrar problemas para encontrar o que procuram quando precisam. A Oracle Connect é a ferramenta-chave que coloca as informações essenciais nas mãos dos funcionários. Eles podem ver o perfil completo de seus colegas para entender melhor suas funções, adquirindo conhecimentos que incluem habilidades, personalidades e experiências. Eles podem criar grupos de afinidade (por exemplo, redes de diversidades), fazer perguntas ou dar respostas ("Qual é sua opinião sobre a nova ferramenta de busca de informações?"), enviar e-mails ou propor uma ideia através do clique no botão "Você tem uma ideia? Compartilhe!".

A Oracle Connect é apenas um modo como a Oracle utiliza as mídias sociais para se tornar uma empresa cada vez mais eficaz. A companhia também utiliza fóruns de discussão, wikis, microblogs e uma variedade de portais comunitários que conectam pessoas e ideias. As redes sociais também são visíveis dentro dos aplicativos da Oracle; já que a empresa usa seus próprios aplicativos, ela se preocupa com sua utilidade. As versões recentes dos aplicativos de gerenciamento de talento da Oracle incluem perfis de funcionários ricos em detalhes que ajudam nos processos de desenvolvimento de talentos, alocação de recursos e planejamento de sucessão. Desse modo, os líderes terão diferentes perspectivas sobre as capacidades da organização e estarão mais bem-preparados para tomar decisões a respeito de seus funcionários e da empresa.

Tomar melhores decisões é a meta por trás da proliferação das wikis, blogs e fóruns de discussão da Oracle. O blog ODirect tem milhares de informações sobre uma variedade de assuntos. Enquanto escrevemos este livro, mais de 2 mil blogs já foram criados dentro da categoria de "aplicativos". O blogueiro mais ativo já criou 983 posts. Esse site permite que os funcionários busquem informações, as classifiquem por data e popularidade, assinem blogs, acessem podcasts e vídeos. Eles podem compartilhar opiniões e ideias sobre tudo que tem potencial para torná-los mais eficientes. Na verdade, a ferramenta de microblog da Oracle, o Oratweet, era originalmente uma ferramenta do grupo de Gestão de Fusão de Talentos, que colaborava na comunicação da equipe de distribuição na tomada de decisões rápidas. "Precisávamos de um tipo de sala de guerra virtual", disse Mark Bennett, diretor do grupo estratégia de produto. Mas não é somente aí que o microblog acrescenta valor. O contratador da Oracle David Talamelli está em 35º lugar entre os 50 usuários mais ativos do Twitter.[17] Contratadores descobriram que o Twitter é uma ótima ferramenta que os mantém próximos de futuros funcionários.

Fóruns de discussão surgiram como uma forma valiosa de ajuda entre funcionários. A página MyOracleForums tem milhares de mensagens. Por exemplo, a conversa que leva o titulo "Como posso transformar um painel de controle HTML de planilha de Excel em uma página de apresentação?" já recebeu diversas respostas. Imagine quanto tempo e recursos são economizados quando essas perguntas são respondidas em apenas alguns minutos. Há também um uso diferenciado de fórum dentro do programa de Liderança das Mulheres da Oracle (Oracle Women's Leadership, OWL). Essa comunidade de mulheres líderes tem seu próprio portal, que oferece recursos, oportunidades de desenvolvimento de liderança, novidades, pesquisas e um fórum de discussão estruturado, destacando mulheres executivas que escrevem sobre questões relevantes. Esse website de relacionamento social interno é um espaço dedicado às mulheres para compartilhar ideias, aprender umas com as outras e construir relações. A cofundadora da OWL Patricia Cureton acredita que o engajamento das mulheres líderes na comunidade é uma das melhores maneiras de reter essas funcionárias.

Outro modo que a Oracle tem de manter seus funcionários mais talentosos é fornecer os meios para que eles sempre se renovem e colaborem para se tornarem cada vez mais eficientes. Funcionários em quase todos os segmentos de negócios utilizam wikis para desenvolver projetos, compartilhar ideias e documentos importantes. Por exemplo, o grupo de Desenvolvimento de Talento e Organização Global (Global Organization and Talent Development, OTD) utiliza as wikis como um espaço de trabalho para cada um de seus projetos mundiais. Embora as equipes da Oracle se sintam confortáveis em trabalhar em diversos fusos horários, ainda é difícil conseguir o melhor desempenho de todos os indivíduos quando alguém na Califórnia pensa que são 5 da manhã e alguém em Pequim pensa que são 11 da noite. O grupo de OTD percebeu que utilizar a wiki como um espaço primário que reúna as decisões estratégicas, planos de projetos e recursos funciona muito bem e ainda permite que seus membros contribuam quando são mais produtivos. O Centro de Excelência de Desenvolvimento de Liderança é uma equipe global de profissionais de desenvolvimento de liderança interna que criou sua visão, planejamento estratégico e planejamento de projetos ao fornecer documentos dentro da wiki e pedir para que seus membros os melhorassem.

Utilizar as mídias sociais nem sempre é fácil. Assim como em muitas outras grandes empresas, a Oracle luta para manter o equilíbrio entre permitir que seus funcionários sejam ativamente independentes e fornecer ferramentas consistentes que facilitem o acesso, reduzam curvas de aprendizagem e alavanquem resultados. Problemas a respeito do uso adequado dessas ferramentas existem e sempre existirão. Além disso, com tantas opções para se comunicar e colaborar, os funcionários podem não saber ao certo qual ferramenta – a wiki, o fórum ou a Oracle Connect – é a melhor forma de interação. Mesmo assim, o alcance viral de qualquer uma dessas ferramentas pode ser muito mais valioso que o de um e-mail enviado a um número limitado de pessoas conhecidas. A Oracle descobriu que a sabedoria coletiva, na qual muitos indivíduos colaboram de forma conjunta, ultrapassa, inevitavelmente, as contribuições pessoais que são feitas somente entre contatos conhecidos.

Sua caixa de ferramentas está cheia

Neste capítulo abrimos o tesouro dos termos e conceitos que permeiam a linguagem das mídias sociais. Apresentamos apenas algumas das ferramentas disponíveis e perspectivas sobre como utilizá-las dentro do cenário corporativo. Como já discutimos, até mesmo tentar fornecer uma lista completa dessas ferramentas seria inútil, pois as tecnologias continuam a evoluir e as comunidades colaborativas desenvolvem novas ferramentas para grandes grupos e nichos de mercado. A questão mais comum é "Qual ferramenta devo usar?". E obviamente a resposta irritante é "Depende". Como vimos, essa decisão depende de quem é seu público-alvo, das suas perspectivas e da vontade que ele tem em utilizar essas ferramentas. Ela também depende dos seus objetivos e metas. Você quer comunicar algo (então talvez o blog seja mais apropriado), colaborar (em uma wiki), ou conectar (como em um site de relacionamento social)?

Contudo, esperamos tê-lo ajudado na missão de equipá-lo com, pelo menos, o entendimento básico das mídias sociais e que você possa imaginar outros possíveis usos dentro da sua organização. No próximo capítulo, compartilharemos alguns exemplos em que as mídias sociais oferecem seus maiores benefícios às organizações. Temos certeza de que, assim como a nossa amiga Lana do início deste capítulo, nenhum de nós terá de conversar em um tom mais baixo e sussurrar sobre o maravilhoso mundo da Web 2.0.

Participe da Conversa

Conecte-se a outras pessoas, como você, que estão explorando, experimentando e liderando o uso das mídias sociais para impulsionar o desempenho de suas empresas.

Acesse http://www.socialmediaatwork-connection.com para fazer perguntas, saber o que os outros estão fazendo e acrescentar suas observações e ideias às discussões. Este capítulo levanta as seguintes questões para você e para os membros da sua comunidade:

- Quais são as ferramentas de mídia social mais comuns que você usa?
- Como você pode integrar as mídias sociais de forma inovadora para que elas acrescentem valor a sua empresa?
- Quais dúvidas você tem que outras pessoas talvez possam ter?

Notas

1. MULKEY, J.; e POPE, G. Comunicação pessoal, 14 jan. 2009.
2. APOLLO MEDIA BLOG. *The history of social media* – Part 1. Disponível em: <http://www.apollomediablog.com/a-brief-history-of-social-media-part-1/.> Acesso em: 10 abril 2009.
3. LI, C.; e BERNHOFF, J. *Groundswell:* Winning in a world transformed by social technologies. Boston: Harvard Business School Press, 2008.
4. WIKIPEDIA. (n.d.). *Wiki.* Disponível em: <http://en.wikipedia.org/wiki/Wiki>. Acesso em: 8 dez. 2009.
5. Ibid.
6. SALZBERG, S. *Genome re-annotation:* A wiki solution? PubMed Central. Disponível em: <http://www.pubmedcentral.nih.gov/articlerender.fcgi?artid=1839116>. Acesso em: 12 fev. 2009.
7. POLICE ACT REVIEW WIKI. (n.d.). Disponível em: <http://www.policeact.govt.nz/wiki/>. Acesso em: 19 dez. 2008.
8. FRISHMAN, R.; e LUBLIN, J. *Networking magic*: Find the best – from doctors, lawyers, and accountants to homes, schools and jobs. Avon, Mass.: Adams Media, 2004.
9. RAPLEAF. *Rapleaf study of social network users vs. age.* Disponível em: <http://www.rapleaf.com/company-press-2008-06-18.html>. Acesso em: 1º jan. 2009.
10. Ibid.

11. MARKETING CHARTS. (n.d.) *Top 10 social-network, blog, web brand rankings issued for Dec* [compilado por Nielsen]. Disponível em: <http://images.google.com/imgres?imgurl=http://www.marketingcharts.com/wp/wp-content/uploads/2008/01/nielsen-online-top-10-social-networking-sites-us-december.jpg&imgrefurl=http://www.marketingcharts.com/interactive/top-10-us-social-network-blog-web-brand-rankings-issued-for-dec-3097/nielsen-online-top-10-social-networking-sites-us-decemberjpg/&usg=qlmHwOt9OViB4766w7fI5zedIq8=&h=302&w=585&sz=59&hl=en&start=6&um=1&tbnid=chPFKejfw9ydOM:&tbnh=70&tbnw=135&prev=/images%3Fq%3Dsocial%2Bneteworking%2Btop%2B10%2Bnielsen%2B2009%26hl%3Den%26rls%3Dcom.microsoft:en-US%26rlz%3D1I7GGIT_en%26sa%3DN%26um%3D1>. Acesso em: 23 jun. 2009.

12. FAHNCKE, M. *Social networking for authors* [Webinário Stephanie-gunning.com], 30 maio 2008.

13. WOMACK, B. *Twitter shuns venture-capital money as startup values plunge*. Disponível em: <http://www.bloomberg.com/apps/news?pid=20601109&sid=afu06n0L7LZ4>. Acesso em: 25 jun. 2009. TWITTER.COM. *Hey there! Schwarzenegger is using Twitter*. Disponível em: <http://twitter.com/Schwarzenegger>. Acesso em: 25 jun. 2009.

14. STEINBERG, D. Zappos finds a user for Twitter. *Really! Inc*. Disponível em: <http://www.inc.com/articles/2008/06/zappos.html>. Acesso em: 2 jan. 2009.

15. BAKER, S. Big Blue embraces social media. BusinessWeek. Disponível em: <http://www.businessweek.com/magazine/content/08_22/b4086056643442.htm>. Acesso em: 6 jun. 2009.

16. VIRTUAL WORLD WATCH. (n.d.) *Virtual worlds in UK higher and further education*. Disponível em: <http://virtualworldwatch.net/about/>. Acesso em: 22 jun. 2009.

17. STROUD, J. *Top 50 recruiters on Twitter*. The Recruiter's Lounge. Disponível em: <http://www.therecruiterslounge.com/2009/01/27/top-50-recruiters-on-twitter/>. Acesso em: 23 jun. 2009.

4 Onde as MÍDIAS SOCIAIS Impactam

Pioneirismo

Catherine acaba de desligar o telefone, bloquear a tela de seu computador e empurrar sua cadeira para trás. Pega sua bolsa e vai encontrar suas amigas no corredor para almoçar. Ela acabara de participar de um webinário de duas horas e estava muito animada com as informações que recebera e com as tarefas que teria de completar juntamente com duas outras colegas, uma que trabalha em seu próprio escritório em Galway, na Irlanda, e outra nos arredores de Londres, na Inglaterra. As três são membros da Organização de Desenvolvimento da Cisco (Cisco's Development Organization, CDO) e estão aprendendo sobre as mais recentes tecnologias de computação social. Esse foi o segundo de uma sequência de quatro webinários que Catherine e suas colegas irão participar dentro de quatro meses. Ela adora trocar ideias e perguntas com colegas do Leste Europeu.

A Cisco, líder mundial em softwares, hardwares e serviços de rede, vem usando as mídias sociais para criar soluções de aprendizagem personalizadas para seus funcionários. Por ser a Cisco uma empresa veloz e global com funcionários espalhados por todo o mundo, é imperativo e também um desafio permitir que eles possam desenvolver suas habilidades constantemente. As tecnologias de computação social têm sido fundamentais para o desenvolvimento de funcionários. Na Cisco, a Web 2.0 e o espírito de colaboração já estão entrelaçados na cultura de aprendizagem e desenvolvimento, e a empresa já vê seu uso como um modelo de gestão sustentável de negócios.

As mídias sociais têm sido usadas na Cisco por quatro razões. Primeiro, elas fazem parte da cultura corporativa da empresa e são essenciais dentro dessa estratégia. O CEO da Cisco John Chambers estimulou o uso dessas novas tecnologias buscando se conectar e colaborar com clientes, parceiros, funcionários e comunidades. Durante a disseminação da Web 1.0 a Cisco alegou que era a primeira empresa a apoiar, gerenciar cases e fazer pedidos on-line. A Web 2.0 é vista como uma transição de mercados, impactando no modo como os negócios são conduzidos. Com isso em mente, a Cisco buscou desbravar essa transição e investiu para que ela fosse a mais suave possível. O líder do planejamento e distribuição de currículo da Organização de Desenvolvimento da Cisco, Greg Brower, é responsável pela equipe que possibilita a aprendizagem e desenvolvimento de, aproximadamente, 40% dos talentos-chave da Cisco. Entre seus membros estão engenheiros de software e hardware, e ele explica: "Criamos parcerias com as unidades de negócio para identificar oportunidades valiosas, testá-las, abortá-las e utilizá-las de modo que o resultado seja executado de forma eficaz".

Em segundo lugar, as mídias sociais oferecem uma ótima relação custo-benefício. O uso inteligente dessas ferramentas permite cortes em gastos e redução no custo associado a viagens. Especialistas têm acesso aos modos mais econômicos de projetar situações de aprendizagem através das mídias sociais.

Em terceiro lugar, as mídias sociais atendem às necessidades de treinamento de um público global. No passado, instrutores viajavam por todo o mundo para treinar pequenos grupos pessoalmente, mas, com as tecnologias sociais, os limites de fuso horário não são mais uma barreira quando se deseja compartilhar ideias e processos complexos para um grande número de funcionários amplamente distribuídos. A CDO utiliza a tecnologia de telepresença através do programa "Almoço Nerd", que possibilita a transferência de informações da cidade de Austin, no Texas, para uma grande quantidade de pessoas em San Jose, na Califórnia, e muitos outros lugares.

A quarta razão é que as mídias sociais permitem que funcionários compartilhem conhecimento e especialidades. Greg Brower diz: "Acreditamos que quanto mais os funcionários se engajem, mas satisfeitos e produtivos eles serão. Para a CDO, é uma questão de possibilitar que os engenheiros dividam aquilo que os leva a trabalhar – conhecimento e inovação. Engajamento é uma coisa sábia a ser feita, e a Web 2.0 é um modo fundamental de se fazer isso". O comentário de Brower reflete o apoio que as mídias sociais têm dentro da Cisco e que vai muito além de soluções de aprendizado.

O caminho escolhido pela Cisco já rendeu muitos frutos criativos nas áreas de design, desenvolvimento e técnicas de distribuição das mídias sociais. O grupo CDO incorporou a Web 2.0 em suas soluções, buscando aprender o máximo possível sobre a computação social e mantendo-se à frente da concorrência. Quando os treinamentos feitos por instrutores não atendiam mais aos requisitos da empresa em termos de custo e distribuição para uma audiência global, os executivos da CDO abordaram a equipe de Brower, propondo que eles encontrassem um modo de incorporar as tecnologias da Web 2.0 ao processo de desenvolvimento do currículo.

A equipe de desenvolvimento de currículo formou uma parceria com o grupo de tecnologia de voz, e eles elaboraram uma abordagem exemplar. A wiki foi utilizada para captar os requisitos de treinamento e criar uma proposta para os executivos. O design do currículo também teve contribuições feitas através da wiki, de fóruns de discussão com valiosas informações de especialistas da área, links para vídeos e diálogos com perguntas e respostas dentro de conferências virtuais WebEx, ou seja, o processo de design do currículo se tornou uma conversa estruturada com as ferramentas da Web 2.0. Desse modo, a equipe pôde compartilhar informações sobre o projeto de forma eficaz e rápida, identificando as necessidades de treinamento, projetando uma solução adequada e construindo uma proposta executiva.

Catherine, do início desta história, é parte da equipe de solução de aprendizagem. O time dela concordou em construir quatro sessões de treinamento, com duas horas cada, utilizando a Web 2.0 para a transmissão através da tecnologia WebEx.

O cronograma foi estabelecido para que as sessões aconteçam dentro do horário de trabalho em fusos horários específicos, de modo que pessoas ao redor do mundo possam participar conjuntamente do treinamento. Assim, colegas na China e na Índia podem integrar esforços, como Catherine e suas colegas do Leste Europeu.

Ao criar essas sessões, o time de design nunca tinha se encontrado pessoalmente nem se conhecia antes desse projeto. Todas as reuniões, rascunhos, protótipos e até mesmo a solução final foram resultado de uma colaboração virtual.

Obviamente, o projeto apresentou muitos desafios ao longo do caminho. Muitas revisões e ajustes foram feitos, já que era o primeiro projeto desse tipo. A wiki, nesse aspecto, ajudou muito durante o processo, e, cada vez que um módulo era terminado, a sessão podia ser melhorada por causa da colaboração feita através de audioconferências e da wiki. Outro desafio importante foi descobrir a capacidade e infraestrutura necessárias para desenvolver os aplicativos de Web 2.0. No início do projeto, os executivos estavam animados, entendiam os riscos e estavam prontos para implementar meios de treinamento diferentes e inovadores, mas, quando os designers começaram o trabalho utilizando o WebEx (produto da Cisco) para transmitir vídeos, as sessões não funcionaram exatamente como se esperava, e os treinadores tiveram de improvisar. Logo que os executivos souberam desse pequeno "desvio", deixaram claro que os instrutores deveriam evitar isso no futuro. Lição aprendida: tanto os treinadores como a tecnologia e a infraestrutura do projeto precisam estar prontos para uso, transparecendo credibilidade a todos os envolvidos. Durante as sessões seguintes, as capacidades das tecnologias foram muito bem-testadas antes de irem ao ar.

Em algum ponto, todos os funcionários da Cisco tiveram um treinamento técnico e exposição às ferramentas de Web 2.0 através das mídias sociais, criando uma situação ganha-ganha. Empregados aprenderam mais sobre as tecnologias sociais durante o treinamento, e a Cisco teve grandes reduções no gasto – 90% a menos por funcionário. Com mais de 2,5 mil funcionários em uma sessão, é possível perceber que o montante economizado foi substancial. Como não houve gastos com viagens, as sessões ajudaram a atingir o objetivo de responsabilidade social corporativa, reduzindo emissões de carbono. A colaboração e parceria resultantes dessa experiência reforçaram uma mudança que a Cisco está fazendo, deixando de ser uma empresa de gestão hierárquica (comando e controle) e adotando uma filosofia de liderança mais colaborativa.

O treinamento também chamou a atenção para o uso das tecnologias sociais como catalisadores – uma conversa que tem sido transformadora dentro da empresa. Assim como o chefe de tecnologia da CDO apontou, os engenheiros agora têm habilidades que são frequentemente avaliadas através de testes, mostrando que 97% concluem o treinamento. O uso das tecnologias de Web 2.0 sempre teve o apoio e suporte do CEO e dos executivos seniores da Cisco, proporcionando uma forte parceria e colaboração entre organizações. A confiança necessária para o sucesso em longo prazo dentro dessas empresas foi considerada o maior ganho de todos.

Capitalizando benefícios organizacionais

A Cisco não está sozinha na implementação pioneira das mídias sociais. Tivemos a sorte de conversar com muitas empresas que estão sendo revolucionárias dentro dessa excitante era. A Intel, a British Telecom, a Emergent Solutions e muitas outras organizações dentro das mais variadas indústrias estão experimentando novas maneiras de explorar o poder humano por trás das mídias sociais. Durante essas conversas, pudemos observar que elas investem nas mídias sociais em pelo menos cinco áreas específicas, buscando, realmente, fazer a diferença:

1. Atrair a manter os melhores funcionários
2. Criar conhecimento e inovação
3. Obter eficácia operacional
4. Desenvolver talentos
5. Engajar funcionários

Quando as operações diárias de uma empresa podem contar com uma melhor comunicação, conexões mais fortes e maior colaboração, cada uma das áreas se torna uma força capaz de transformar a eficiência e o desempenho de toda a organização. Coletivamente elas influenciam muitos aspectos importantes, como o planejamento estratégico, o modelo organizacional, gestão de mudanças, desenvolvimento de liderança, gestão de desempenho e diversidade – e isso é particularmente verdade se considerarmos que a empresa é um sistema dentro de um sistema maior.

É claro que dentro da economia instável de hoje as empresas não podem sobreviver somente através de suas metas, atingindo quotas e lucros trimestrais. A Enron, a WorldCom, a AIG e a Lehman Brothers são exemplos de empresas que, dentre outros motivos, não consideraram a perspectiva de longo prazo, a natureza sistêmica da dinâmica de trabalho e o ambiente que as cercava. Obviamente, essa miopia pode ser fatal.

Muitas pessoas esperam que conhecimento, inovação e eficácia operacional contribuam para o sucesso de curto prazo ou até mesmo imediato de suas organizações. Concordamos, mas podemos ver que essas forças estão sempre interagindo com elementos que já mencionamos. Atrair e manter os melhores funcionários, desenvolver talentos e engajar funcionários são atividades que criam uma atmosfera de comprometimento dentro da empresa, capaz de sustentar o sucesso e atingir seus objetivos no futuro. Cada uma das cinco forças torna as outras mais fortes, criando um sistema de reforço contínuo. Elas são independentes, mas frequentemente se entrelaçam.

Uma organização deve proteger e manter seus melhores recursos, e já é amplamente reconhecido que o melhor modo de se fazer isso é através da satisfação, comprometimento e engajamento de funcionários.[1] O trabalho deve ser continuamente estimulante, proporcionando oportunidades para o aprendizado e desenvolvimento de habilidades, especialmente no caso de empregados mais jovens que estão ansiosos para contribuir com a empresa. Funcionários que estão realmente engajados são mais produtivos e apresentam taxas menores de rotatividade. Uma vez que existe esse engajamento, eles procuram novos modos de criar conjuntamente, buscando métodos inovadores de atualizar processos antiquados, aumentando o ritmo da projeção, produção e vendas de produtos e serviços.

Contudo, engajar funcionários não é tão fácil quanto parece. Aproximadamente um em cada cinco funcionários não se sente conectado ao trabalho, e a rotatividade voluntária é influenciada tanto pelas relações sociais dentro quanto fora da empresa.[2] Para atingir altos níveis de produtividade e atender às necessidades dos clientes, é imperativo que se promova a participação e o envolvimento dos funcionários[3], e é exatamente nesse aspecto que as mídias sociais podem contribuir mais – possibilitando que funcionários motivados conectem suas ideias e colaborem de maneiras que, anteriormente, não eram possíveis.

Vamos simplificar: se uma organização pode atrair os melhores candidatos, desenvolver suas habilidades e fornecer oportunidades para inovar e criar conhecimento, os funcionários se tornarão mais eficientes e produtivos, aumentando o engajamento, a retenção de talentos e criando resultados positivos. Dentro desse cenário virtuoso, uma empresa não somente retém sua força trabalhadora, mas também potencializa condições para uma performance sustentável ao longo do tempo. Embora seja difícil falar de cada um desses elementos separadamente, tentaremos distingui-los para que as oportunidades de utilizá-los dentro das mídias sociais se tornem mais claras. Neste capítulo oferecemos uma visão geral desses elementos e exploramos como as mídias sociais reforçam o impacto que os funcionários podem ter dentro da empresa. No próximo capítulo iremos compartilhar outras histórias sobre cada uma das áreas aqui discutidas.

Atraindo e retendo os melhores funcionários

Laurie Buczek, gerente do programa de computação social da Intel, descreve suas observações sobre a contratação de *funcionários Millenials*:

> Nossa força de trabalho está mudando drasticamente. Temos quatro gerações aqui, e elas agem de forma muito diferente em relação à tecnologia para se conectar no dia a dia A geração mais nova espera que as mídias sociais estejam disponíveis, porque seus membros não conhecem o mundo que existiu antes deles; eles estão totalmente interligados em múltiplas tarefas ao mesmo tempo e esperam que isso esteja dentro do ambiente de trabalho. Se não fornecermos isso, eles se tornam rapidamente desmotivados e buscam outras empresas que tenham e permitam uma conexão mais forte. As notícias são rapidamente distribuídas entre eles, o que dificulta nossa capacidade de atraí-los em primeira mão.

A Intel conhece o perfil dos funcionários que procura – novos e maduros. Vamos rever algumas das características da Geração Y que está entrando no mercado de trabalho. Penelope Trunk é a CEO da Brazen Careerist, uma empresa da web que ajuda a conectar empresas e candidatos e colabora para que esses candidatos tenham uma carreira bem-sucedida. Ela se descreve como uma mulher típica da Geração X: "Sou parte da geração mais negligenciada e destituída da história", e compartilha informações que permitem que empresas e candidatos da Geração Y se entendam e, mutuamente, criem sucesso. Trunk diz que os Millenials têm uma perspectiva diferente sobre a experiência profissional. Essa geração trabalha para viver em vez de viver para trabalhar, por isso eles acreditam que o trabalho é uma experiência que deve fornecer oportunidades contínuas para contribuir, aprender novas habilidades e trabalhar em grupo. Se o cargo atual não oferece alguma dessas perspectivas, eles não hesitam em abandoná-lo e buscar outro que seja mais interessante. Consequentemente, eles esperam que as relações com os empregadores sejam de curta duração, ou que funcionem como ondas de trabalho, afastamento e um possível retorno quando for oferecido algo gratificante – e eles estão bem com desse jeito.[4]

Encontrar os melhores candidatos e persuadi-los a escolher a sua empresa será uma tarefa competitiva nessa guerra por talentos. As principais armas de guerra incluem redes de relacionamento, blogs e microblogs. A Salesforce.com, uma empresa de softwares que vende soluções de relacionamento com o consumidor, reconhece que seu público-alvo, as gerações X e Y, irá compor 60% da força de trabalho. A empresa vê o uso das redes sociais como uma ferramenta de contratação essencial. No Capítulo 5, *Exemplos pioneiros*, veremos como a Salesforce.com está implementando recursos de contratação utilizando as mídias sociais para atingir os candidatos ideais.

Trunk, da Brazen Careerist, destaca as melhores maneiras de utilizar blogs corporativos para atrair bons candidatos. Afinal de contas é possível achar muitas conversas sobre as empresas no ciberespaço – o trabalho que elas fazem, a personalidade corporativa e a ética. Um blog corporativo permite que as empresas façam parte dessa conversa, guiando a percepção e direcionando a interação para os tópicos que acredita que devem ser discutidos. O Twitter está emergindo como uma ferramenta "básica" para os candidatos mais novos e para os funcionários que querem contratá-los. A Hire Strategies, Ltd., uma empresa situada no Reino Unido que se dedica a ajudar empresas e empregadores a utilizar as mídias sociais para contratar, desenvolver e reter os melhores funcionários, escreveu um post em seu blog discutindo sete razões pelas quais as empresas deveriam usar o Twitter para o processo de recrutamento, citando a promoção gratuita da empresa, a adição de um toque de elemento humano para candidatos tímidos e muitas outras vantagens. Eles também mencionaram a respeito do prático retorno sobre tempo e investimento, destacando o alto rendimento que um simples tweet pode produzir.[5]

Uma vez que os candidatos ideais foram contratados, você deve, de modo eficaz, fazer com que eles se sintam bem dentro da sua organização e permitir que se tornem produtivos o mais rápido possível. Além de lhes fornecer uma mesa, telefone e conexão à internet logo no primeiro dia, é vital que você os conecte à rede de colegas que poderá ajudá-los a assimilar rapidamente a cultura e a empresa. Imaginem o valor de uma rede assim para uma empresa como a Humana, que conta com suas relações para alcançar suas metas. Os novos contratados dependem da rede social interna para saber quem é quem, quem pode ajudá-los em suas tarefas e quem eles podem ajudar. Na verdade, muitos contratados recém-formados acreditam que isso já seja parte do processo de integração das empresas.

A mudança no ciclo da carreira profissional aliada à crescente diversidade em todas as empresas tornaram-se duas diretrizes para construir pontes – conectar o conhecimento, a sabedoria, as novas ideias das diversas gerações e as referências que estão inseridas nas formações culturais e demográficas. Esses são fatores essenciais para a retenção de bons empregados e podem impulsionar uma determinada marca dentro do mercado de trabalho. Por exemplo, 26% das contratações externas da firma Ernst & Young são recontratações. A empresa deixou claro que recontratações são bem-vindas e valorizadas. Elas são 50% mais baratas para ser efetivadas, tornam-se produtivas duas vezes mais rápido e 40% das pessoas têm uma maior probabilidade de alcançar cargos superiores. No Capítulo 2, *Mudanças no cenário e o que isso significa para você*, vimos como a Dow Chemical lançou seu website de relacionamento social (My Dow Network) para conectar funcionários, ex-empregados e aposentados da empresa e permitir a transferência de conhecimento. Os aposentados, na verdade, são os mentores dos novos funcionários, tornando-se embaixadores da marca, facilitando conexões mais fortes com *stakeholders* e preservando o que a herança cultural da empresa tem de melhor.[6]

Uma ampla variedade de programas específicos para mulheres e outros grupos estão surgindo como reconhecimento dos riscos associados à perda desses experientes segmentos de recursos humanos das companhias. As mídias sociais têm um papel enorme para conectar essas pessoas que fazem parte de grupos de afinidade, possibilitando que elas interajam de novas formas. Esses programas promovem a retenção de funcionários valiosos e tornam a empresa mais atraente. No próximo capítulo, aprenderemos como o programa OWL da Oracle usa as mídias sociais para conectar essa comunidade.

Inovação e criação de conhecimento

A Gino Creglia Photography é uma pequena organização empresarial. Creglia construiu um negócio na área de fotografia muito bem-sucedido através de seus trabalhos com fotografias para catálogos, retratos e publicidade, mas o que ele mais gosta de fazer, e também o que criou a maior fidelidade entre seus consumidores, é fotografar os momentos especiais do grande evento na vida de qualquer um: o casamento. Embora os negócios estejam bem, Creglia vem procurando novas ideias e serviços inovadores para a sua empresa, e bons amigos lhe recomendaram websites de relacionamento social. Assim Creglia decidiu investigá-los. Em apenas três semanas ele construiu uma comunidade com empreendedores parceiros e redefiniu sua "organização". Os membros dessa nova comunidade complementar de negócios contribuem constantemente com ideias, trocam informações sobre o mercado, compartilham contatos com recursos valiosos e criam, conjuntamente, serviços importantes para a sua base de clientes. Creglia diz: "É como se eu houvesse expandido minha empresa com um novo departamento criativo, departamento de promoção e uma pequena equipe de apoio. As ideias que criamos conjuntamente são muito melhores do que jamais poderíamos pensar de forma individual. Acredito que estamos motivados com a nossa nova comunidade e por algo que podemos alcançar juntos. Essas novas ferramentas de mídia social são fantásticas para se conhecer novos clientes, mas elas são ainda mais valiosas *dentro* da minha pequena loja".

A palavra inovação já foi definida de muitas maneiras, mas todas elas compartilham os elementos da criatividade e da ação. Não existe um grande inventor que deixe todas as suas ideias dentro da cabeça. As grandes ideias precisam mudar de *status quo* e sair das mentes para que outras pessoas possam utilizá-las. Durante a nossa pesquisa, vimos a inovação tomar vida dentro do design criativo, desenvolvimento de produto e velocidade para transformar ideias em resultados.[7] A essência das grandes inovações é a criação de conhecimento, colaboração e a geração de capital social – as importantes conexões entre as pessoas – e o advento das comunidades auto-organizadas. Todas as ferramentas de mídia social permitem a criação de conhecimento e o capital social, contudo as wikis são as principais ferramentas para a colaboração, e as websites de relacionamento social permitem que as pessoas encontrem os melhores contribuintes para os seus esforços.

Um estudo pan-europeu conduzido pela Dynamic Markets descobriu que 74% dos funcionários europeus acreditam que o uso das redes sociais e das comunidades on-line dentro do ambiente de trabalho é valioso. Os dois principais benefícios citados foram a habilidade em ampliar o conhecimento do indivíduo e o acesso a soluções para problemas. Promover o conhecimento coletivo dos funcionários, clientes e fornecedores, estimular a formação de equipes e melhorar as colaborações internas também foram mencionados pelos empregados que utilizam as redes sociais no trabalho diariamente.[8]

Imagine a seguinte cena: Rami sentou-se e considerou cada uma das quatro possíveis respostas diante dele. Rami é um convidado do programa de televisão *Who Wants to Be a Millionaire*, e pode ganhar 100 mil dólares se responder à pergunta adequadamente. Embora tivesse certeza da resposta correta, não queria arriscar todo esse dinheiro. Ele preferiu utilizar uma "ajuda" e pediu socorro à plateia. Quantas pessoas considerariam a ajuda de um grande grupo para responder a uma questão tão importante? Se você já assistiu a esse programa, sabe que Rami tomou a decisão certa ao passar sua pergunta aos espectadores: eles geralmente têm a resposta.

A misteriosa precisão da resposta coletiva se deve ao conhecido fenômeno descrito no livro *The wisdom of crowds*, de James Surowiecki. Através de diversos exemplos, Surowiecki mostra como grandes quantidades de pessoas que trabalham individualmente conseguem, de forma conjunta, alcançar melhores resultados do que peritos individualmente. Ele descreve quatro condições que caracterizam as sábias multidões: diversidade de perspectivas, pensamento independente, especialização descentralizada (ou a habilidade em extrair o conhecimento local) e a habilidade em integrar decisões coletivas.[9]

As mídias sociais aceleram o desenvolvimento dessa sabedoria coletiva dentro das organizações, possibilitando esse mesmo poder de conexão entre indivíduos com conhecimentos aparentemente irrelevantes. Quanto mais o conhecimento é compartilhado, uma nova sabedoria coletiva, bem como possibilidades para melhores ideias, produtos, serviços e decisões de negócios mais eficientes emergem dentro da organização, alimentando-se e crescendo dentro de uma espiral de efeitos cumulativos.

Um reflexo da natureza desse processo criativo é a "Tecnologia Open Space" (Open Space Technology, OST), um método de colaboração que permite que pessoas e ideias se organizem do modo que acharem mais útil.[10] Ela é utilizada com frequência por líderes de organizações que têm questões de negócios urgentes e tão complexas que ninguém consegue resolvê-las se não houver uma diversidade de *insights*. A filosofia OST é simples: (1) quem contribuir é a pessoa certa; (2) o que acontecer é a única coisa que poderia ter acontecido; (3) quando ela inicia, é a hora certa; e (4) quando acabar, acabou. Os fãs do Open Space também defendem a *lei dos dois pés:* se você não está contribuindo ou aprendendo, use seus dois pés e vá para onde você pode fazê-lo. Esse processo se torna mais fácil através do uso das ferramentas de mídia social como as wikis, os fóruns de discussão e os websites de relacionamento social. Conforme os grupos e as ideias se integram e se auto-organizam, o contexto é adicionado à equação.

Dentro da Humana, David Woodbury vê a rede social da empresa como a evolução das estratégias de gerenciamento de conhecimento dos anos 1990. No passado as estruturas criadas para captar conhecimento eram muito bem-sucedidas na coleta de dados, mas os funcionários não tinham o contexto para essas informações. Eles tinham muita dificuldade em encontrar a informação correta e aplicá-la dentro de um novo contexto. Woodbury vê os websites de relacionamento social como uma grande melhoria neste método porque o canal de informações humano fornece o contexto para aplicar o conhecimento aos problemas reais de negócios. "As redes sociais serão a interface dessa profundidade de conhecimento. Quando eu quiser informações, eu as procuro no Google, mas quando quero *conhecimentos úteis, know-how* ou *sabedoria* de meus colegas, a rede social se torna indispensável, porque as pessoas incluem o contexto. Nossos associados poderão colaborar com os *insights* de colegas e atender às fundamentais necessidades sociais."

Woodbury acredita que, conforme a Humana se torna mais eficiente no uso das redes sociais, ela possibilitará que seus associados procurem fontes externas de inovação. A Humana já reconhece que a inovação deve ser promovida dentro e fora da empresa, e, como resultado disso, ela renovou suas competências corporativas no que diz respeito à inovação, estimulando seus líderes a buscar redes profissionais e pessoais – internas e externas – para expandir o desenvolvimento das soluções de saúde da organização. Woodbury explica: "Esperamos que nossos líderes e associados saiam e criem novas redes para descobrir ideias valiosas. Essa é uma maneira pela qual serviremos o cliente de modo útil".

⎯| Eficiência operacional

As organizações estão constantemente lutando para melhorar sua eficiência. Seja através de melhorias incrementais ou mudanças radicais nas operações, como reengenharia do processo de negócios, um mantra comum que diz "Faça melhor" é sempre seguido de "Faça mais rápido!". Se a colaboração para a inovação e o desenvolvimento está em uma mão, na outra deve estar a colaboração para a eficiência.

A pesquisa da Dynamic Markets já mencionada inclui mais de 25 mil pessoas em cinco países e aponta que 65% dos entrevistados dizem que as ferramentas de relacionamento social tornaram a si próprios ou os colegas pessoas mais eficientes. "A pesquisa mostra que, na Europa, há uma clara tendência entre usuários corporativos em aderir à tecnologia da Web 2.0 para apoiar colaborações, melhorar produtividade e buscar a eficiência dos negócios."[11] Na pesquisa feita pela *SelectMinds*, funcionários disseram que, quando usam as mídias sociais para acessar informações relevantes rapidamente, sua produtividade melhora em mais de 10%.[12]

Os laços do processo de adaptação à empresa são claros. Quanto mais rápido os novos contratados se encaixaram na cultura da empresa, encontraram os recursos de que precisavam e construíram os relacionamentos que possibilitavam alcançar seus objetivos, mais rápido eles se tornaram um ativo para a empresa. Contudo, equipes existentes têm as mesmas questões. Uma equipe de vendas da Intel descobriu que, em média, os representantes de vendas que querem apoiar seus clientes perdem muito tempo procurando as pessoas e informações corretas. O uso das mídias sociais traz essas pessoas e informações instantaneamente, e permite que eles recuperem uma parte do tempo. Funcionários do BT Group criaram uma página inicial em sua wiki interna para catalogar os diversos websites que contêm informações essenciais. No Capítulo 5, veremos mais exemplos de como empresas ganharam eficiência operacional.

Desenvolvimento de talentos

No coração de todas as grandes organizações estão as *pessoas*. A integração das tecnologias de mídia social dentro delas cria inúmeras oportunidades para reforçar o desenvolvimento de talentos. Durante as últimas décadas você deve ter aprendido quais eram os focos e as terminologias correspondentes para o desenvolvimento de recursos humanos mais comuns de cada era. Antes dos anos 1980, "treinamento" era o assunto mais discutido. Nos anos 1990, treinamento tornou-se "aprendizagem", e o significado mais amplo e potencial de "aprendizagem organizacional" era inovador. Ao entrar no novo milênio, o novo termo "desenvolvimento de talentos" apareceu em documentos corporativos e jornais de comércio. Essa ampla descrição inclui planejamento de mão de obra, treinamento técnico, desenvolvimento de liderança, desenvolvimento de habilidades profissionais, identificação de "altos potenciais", gerenciamento de talentos, planejamento de sucessão e outras atividades pertinentes à melhoria das capacidades dos membros de uma organização em curto e longo prazos.

O uso das mídias sociais pode estar presente na maioria das atividades associadas ao desenvolvimento de talentos porque elas disponibilizam as informações mais rapidamente de todas as formas, possibilitam que as pessoas aprendam umas com as outras, trazem à luz táticas ou conhecimentos ocultos e ajudam a expandir o processo de aprendizagem ao longo do tempo. É difícil imaginar a aquisição de conhecimento e aprendizagem sem as ferramentas da Web 2.0. As informações estão na ponta de nossos dedos dentro das mais variadas fontes de mídia social: podcasts sobre técnicas de vendas, wikis para a criação conjunta de um trabalho, blogs que compartilham análises e opiniões sobre uma decisão de negócios, websites de relacionamento social que funcionam como um enorme catálogo telefônico, tornando-se uma mina de ouro de informações. O exemplo da Cisco mostra algumas das maneiras como as mídias sociais têm maior repercussão e permitem reduções em custo.

As mídias sociais também permitem que os membros de uma organização aprendam uns com os outros. Líderes e especialistas não são os únicos que possuem informações úteis. Dentre outras ferramentas, os fóruns de discussão possibilitam que funcionários façam perguntas e recebam uma enorme quantidade de respostas das mais variadas fontes, muitas que eles nem mesmo conheciam. As orientações entre colegas se tornam a norma quando qualquer pessoa pode oferecer uma perspectiva valiosa ou outra rede de recursos, colaborando para o processo de aprendizagem. Justamente porque a aprendizagem melhora com o tempo, as mídias sociais podem prolongar o tempo de aprendizagem em qualquer oportunidade de desenvolvimento. Dentro da experiência de sala de aula tradicional, o instrutor compartilha informações com os participantes, mas um aprendizado mais rico acontece durante o intervalo, quando pequenos grupos se formam e as conversas surgem. Espaços para comunidades e portais on-line permitem que o grupo ou conjunto de aprendizes mantenham contato e continuem a aprender muito além do ambiente de ensino. Os membros dessas comunidades são, frequentemente, as melhores fontes para o aprendizado porque eles dão respostas rápidas, têm os mesmos desafios e investiram na experiência de aprendizagem uns dos outros. Dentro do grupo de serviços de engenharia da Oracle, a Academia de Liderança Global para líderes seniores permitiu que 30 participantes tivessem ideias inovadoras sobre como trabalhar juntos em times virtuais pelo mundo. O programa incluía uma combinação de mídias sociais e sessões presenciais para reforçar as habilidades em liderança. Através do uso das wikis e webconferências, os participantes identificaram as soluções para três problemas de estratégia de negócios. Eles construíram comunidades on-line e continuaram sua aprendizagem no trabalho, utilizando suas novas habilidades de liderança para fazer com que seus projetos se tornassem frutíferos.

Um estudo recente da *McKinsey Quarterly* mostra que 71% das organizações pesquisadas, 1.466 no total, usam a Web 2.0 dentro de seus esforços de treinamento.[13] Muitas universidades têm presença em mundos virtuais, propiciando que estudantes "compareçam" a centros de treinamento no ciberespaço. Em junho de 2009, o Centro de Qualidade e Performance criou uma conferência dedicada ao uso das mídias sociais para o gerenciamento de talentos, cobrindo tópicos sobre como manter empregados motivados dentro do aprendizado colaborativo, criar recursos de conhecimento e comunidades sustentáveis em longo prazo e implementar as ferramentas de mídia social com eficiência dentro das soluções de aprendizagem.[14]

Como apontado por Donald Tapscott e outros, a capacidade dos líderes em integrar, promover e ampliar o talento dos mais diversos (e disseminados) indivíduos e equipes é uma competência-chave para criar diferenciação.[15] Na Oracle, os consultores de desenvolvimento de talentos e organização introduziram as redes sociais e fóruns colaborativos nos programas de aprendizagem em desenvolvimento de lideranças, para estimular o diálogo, instrução e orientação entre colegas. Grupos de aprendizagem e desenvolvimento também estão incorporando as mídias sociais dentro das soluções de aprendizagem. A Cisco, HP, IBM e Oracle são apenas algumas das organizações que usam as mídias sociais ativamente para promover o desenvolvimento de talentos.

Engajamento de funcionários

Há muitos anos ocorreu um fenômeno muito interessante: surgiu uma epidemia de "atos de bondade aleatórios". De repente as pessoas descobriram que o pedágio tinha sido pago pela pessoa que passou por lá antes delas. Um copo de café, feito na hora, estava pronto enquanto você se aproximava do balcão da Starbucks, já pago pela mulher que apenas queria desejar-lhe um bom dia, e a mania da "corrente do bem" que inspirou pessoas de todas as partes a fazer algo bom para alguém porque... bem, porque era a coisa boa a ser feita e também porque isso lhe propiciava uma sensação gratificante. De modo similar, para a comunidade Amish, um celeiro é erguido em dois dias, sendo resultado do suor e da determinação de toda a comunidade.

O envolvimento dos funcionários é a necessidade básica para que as pessoas se tornem parte de algo maior para contribuir de maneira significativa. O poder das pessoas que estão motivadas e querem contribuir não pode ser subestimado. Contribuições não acontecem com isolamento. Elas requerem relações entre as pessoas e a troca que ocorre entre pessoas ou entre indivíduos e grupos aos quais eles pertencem. Engajamento é o que direciona a civilização e a sociedade, impulsionando carreiras. As pessoas conseguem muito mais quando estão engajadas conjuntamente – seja no coração, na mente seja através de recursos – do que qualquer um conseguiria sozinho. A necessidade humana de se relacionar e contribuir não é nova. Nossa necessidade em nos afiliarmos a outras pessoas é percebida na formação dos clãs, tribos e sociedades. Juntamo-nos para termos a vantagem das ideias coletivas, expansão de recursos, visão de liderança e o impulso para alcançarmos objetivos comuns.

Engajamento ocorre em todos os tipos de organizações e é diferente em cada situação. Organizações de serviço social encontram a motivação de seus voluntários quando os conecta com recursos. Empreendedores encontram investidores anjos e parceiros complementares. Pequenos negócios crescem por causa da visão compartilhada e da energia de seus colaboradores. As grandes corporações permitem o surgimento do gênio colaborativo de seus funcionários por todo o mundo.

As ferramentas de mídia social apresentam novos modos para um maior engajamento dentro de uma ampla área de negócios, como nunca visto antes. Um webcast possibilita que todos os empregados escutem a mesma mensagem. Os blogs criam um dialogo visível e convida ao pensamento, análise e respostas independentemente das ideias de um líder ou de outro funcionário. Qualquer pessoa pode contribuir naquilo que ama ou que é sua área de especialidade através das wikis e fóruns de discussão. Líderes de uma organização podem resolver problemas complexos com maior eficiência se simplesmente pedirem a opinião e escutarem as respostas de suas equipes. Como apontamos anteriormente, a solução criada através das ideias e opiniões coletivas são, geralmente, melhores do que aquelas tomadas por um grupo pequeno de especialistas.

Líderes, equipes e indivíduos ganham muito mais nesse processo. Eles criam uma cultura de colaboração que capitaliza as ideias de praticamente qualquer funcionário, criando uma oportunidade para se fazer a diferença em atos grandiosos ou pequenos. Esse engajamento é satisfatório e retém funcionários, em especial as gerações mais novas, que buscam ter uma relação significativa com o trabalho. Se eles ficarem frustrados, sairão em busca de uma comunidade que precisa de sua contribuição.

O gerente sênior de mídias sociais do BT Group, Richard Dennison, está convencido de que o uso das mídias sociais pode melhorar o envolvimento dos funcionários dentro do BT. "Acredito piamente que não utilizamos o potencial máximo de nossos funcionários. Nós os colocamos em espaços pequenos e confinados, passamos a eles objetivos restritos a somente uma parte do negócio e não os estimulamos para contribuir de forma mais ampla."

Neste capítulo exploramos como as mídias sociais se tornaram uma nova ferramenta que as organizações podem utilizar para melhorar seu desempenho em curto e longo prazos. Algumas empresas estão começando a vislumbrar as oportunidades do uso interno das mídias sociais, mas muitas outras já estão capitalizando sobre essa ideia. O BT group, antiga British Telecom, é uma delas. Vamos observar sua história e aprender por que essa empresa está, de muitos modos, saindo na frente.

BT Group: Saindo na frente

Pioneirismo

Em 2007 um novo contratado comprou um servidor de software com o cartão corporativo e o colocou debaixo da mesa. O servidor era, para ele, um modo de melhorar sua produtividade. Não demorou muito para que o gerente sênior de gestão de mídias sociais, Richard Dennison, aparecesse ao seu lado. Não para castigá-lo pela compra do equipamento com o dinheiro da empresa, mas para compartilhar ideias e explorar como eles poderiam melhorar a produtividade de outros funcionários. Isso foi como tudo começou dentro do BT Group, a empresa de telecomunicações com base no Reino Unido.

O BT Group opera em 170 países, e fornece soluções e serviços de comunicação por todo o mundo. Seus empregados estão distribuídos, sobretudo, por oito escritórios corporativos pelo Reino Unido, com operações adicionais em mais de 25 localidades. Isto mantém o grupo de comunicação do BT ocupado.

Dennison trabalha nisso, cria estratégias, políticas e governança da intranet do BT Group. Ele viu aquele servidor – e o funcionário que sentiu a necessidade em ter um – como uma ótima oportunidade para começar a experimentar as novidades. A primeira mídia social a ser implementada no BT foi a "BTPedia", uma espécie de Wikipedia interna que cobria todos os assuntos. (Na verdade, a plataforma de software utilizada é a mesma que apoia a Wikipédia.) Dennison não foi o único interessado, pois outros funcionários, incluindo muitos recém-formados, encontraram a BTPedia. Logo ela ganhou força entre os funcionários, compartilhando tudo que contribui para um trabalho mais eficiente.

Como a BTPedia parecia estar bem, a empresa lançou uma plataforma piloto para um blog utilizando o WordPress, que também deu certo. O número de pessoas que encontraram o blog aumentou, estimulando ideias e contribuições com seus pensamentos. Até então nenhuma comunicação corporativa tinha sido feita, e não houve nem mesmo o lançamento de uma campanha promocional. As pessoas simplesmente surgiram. Depois o BT decidiu criar um website de relacionamento social bem pequeno. Inesperadamente o uso do website foi tão grande que queimou o servidor que ficava debaixo da mesa! Então Dennison teve de fechar a rede social e dar o próximo passo.

Ele abordou o grupo de TI para pedir recursos e infraestrutura, mas como as mídias sociais ainda não eram parte dos objetivos da empresa, muito foi discutido. Finalmente o departamento de TI viu que as plataformas necessárias estavam disponíveis e eram fáceis de configurar e logo apoiaram a nova mania das mídias sociais dentro do BT.

Quase três anos depois, o uso das mídias sociais se tornou o modo de vida do BT Group. O website de relacionamento da empresa tem o apoio adequado e nunca mais "queimou" o servidor. A BTPedia ainda é a ferramenta mais popular entre os funcionários para criar informações de forma colaborativa. Por exemplo, uma prática comum que surgiu é a criação de "páginas indexadas". Funcionários criam páginas da web para catalogar links úteis sobre um determinado tópico, unindo informações que estão espalhadas pela intranet em um só lugar. Aliás, o título da página indexada mais popular é "Reconhecimento" e lista os cinco lugares principais nos quais funcionários podem elogiar as valiosas contribuições de seus colegas. O envolvimento está, certamente, indo muito bem.

A plataforma para blog continua a ganhar força. O Podcast Central é uma ferramenta que permite que funcionários carreguem e baixem arquivos de áudio criados por usuários – reuniões importantes ou módulos de treinamento etc. – para compartilhar com seus colegas. Um fórum de discussão enfeita a página inicial da *Corporate Newsdesk*, um e-zine profissional de notícias que é gerido por jornalistas freelancers.

Uma das ferramentas mais valiosas que o BT Group tem é um projeto wiki chamado *Confluence*. As equipes do projeto usam *Confluence* como um espaço de trabalho que abriga todos seus pensamentos, documentos e recursos. Eles podem garantir acesso restrito aos membros ou, se quiserem, podem abri-lo para receber mais ideias. Com mais de 800 mil páginas da web, essa ferramenta já provou que é muito útil.

Dennison reconhece a maturidade da intranet e da sua força de trabalho. "Nossa intranet é bem forte. Ajuda nossos funcionários a fazer quase tudo, mas, antes de incorporarmos as mídias sociais, a intranet não apoiava a construção de relações e colaborações e era disso que precisávamos. Para nós, essas ferramentas representam o próximo passo lógico."

Dennison não quer provar que existe retorno sobre investimento para as mídias sociais. Na verdade, ele acredita que mensurar esse retorno seria quase impossível: "É como abrir o capô de um carro, tirar as peças e medir o desempenho através de somente um componente. Cada componente contribui para o todo, portanto você deve medir o desempenho do motor, não das peças que o compõem. Não temos estratégias de mídia social; temos estratégias de negócios e olhamos para as mídias sociais como uma ajuda para atingir nossas metas". Dennison sabe, instintivamente, que as mídias sociais propiciaram aumento no desempenho da empresa. Por exemplo, uma das estratégias-chave do BT é o "Certo da Primeira Vez", um esforço que evita que o trabalho seja refeito, economizando recursos humanos e financeiros. O projeto de wikis, blogs e fóruns mantém os níveis de inovação alto e os gastos baixos, garantindo que os funcionários estejam, na maioria das vezes, certos da primeira vez.

Mais importante, Dennison tem certeza de que os benefícios do uso das mídias sociais em longo prazo trará rendimentos para a empresa. "Não temos o desempenho máximo de nossos funcionários porque limitamos o escopo do envolvimento deles, mas as mídias sociais os convidam a participar muito além de suas funções. Em um nível básico, quanto mais as pessoas investirem em suas próprias empresas, em termos de desenvolvimento de redes e engajamento dentro da organização, mais elas estarão investindo em sua marca pessoal. Eles se tornam leais e provavelmente não deixarão a empresa, porque investiram nelas."

Dennison aponta que existiam preocupações sobre ex-empregados que poderiam desrespeitar as normas ou agir de modo inapropriado, mas afirma que a empresa não passou por nenhuma dessas situações. Ele destaca que, quando uma organização faz bom uso das mídias sociais, ela faz tudo de modo transparente. Líderes devem estar dispostos a ouvir outros pontos de vista, considerá-los como informação valiosa e usá-los para tomar melhores decisões. No final das contas, os funcionários querem saber que suas opiniões foram ouvidas. No caso do BT, dois usos específicos de mídia social tiveram um grande impacto na cultura e confiança da empresa. Há muitos anos um antigo CEO impulsionou as comunicações de um modo sem precedentes através de sessões de bate-papo on-line que duravam 90 minutos a cada seis semanas. Ele respondia em tempo real, sem censuras ou edições, às perguntas e comentários dos funcionários. Os empregados sabiam que estavam falando diretamente e de forma honesta com o próprio CEO. Ele promoveu essas sessões por sete anos e Dennison relata o exemplo com entusiasmo: "Aquela única ação abriu completamente a cultura da organização! Com apenas um passo ele conectou o topo da empresa com a base e permitiu que as pessoas participassem de modo muito mais aberto do que antes".

Em um segundo exemplo similar, o atual CEO Ian Livingston enviou uma mensagem poderosa aos funcionários. Na época, ele era o CEO da divisão de varejo, e percebeu que havia uma discussão dentro da, já popular, *Corporate Newsdesk*. Com isso, sentiu que precisava dar seu ponto de vista a respeito do que estava acontecendo. Mas ele o fez mais como uma contribuição individual e não como uma mensagem do CEO. Assim, mais uma vez a cultura da participação e engajamento foi reforçada de baixo para cima e não o contrário.

A jornada do BT tem sido uma experiência valiosa, e a aprendizagem continua. Os experimentos de Dennison resultaram em recomendações úteis para todos nós, e uma delas é reconhecer que a cultura "de baixo para cima" precisa de apoio de "cima para baixo" para que a empresa tenha sucesso. Além disso, as pessoas aprendem, de fato, trabalhando, então é válido deixar que os funcionários experimentem e "brinquem" o mais cedo possível – tendo sucesso ou falhando rapidamente... e não gastando muito! Dennison também recomenda o engajamento dentro dos departamentos de vigilância (departamento jurídico, segurança e recursos humanos) e enfatiza que incorporar as mídias sociais é uma evolução, não uma revolução. Finalmente Dennison nos aconselha a "começar de qualquer lugar". "Começar imediatamente... e continuar em frente até aprender! Aonde quero chegar? Apenas comece. Comece pequeno, cresça devagar e siga a energia dos desbravadores através da rede".

Neste capítulo compartilhamos como as mídias sociais podem reforçar os cinco elementos-chave das organizações: atraindo e mantendo os melhores funcionários, criando conhecimento e inovação, tendo eficácia operacional, desenvolvendo talentos e engajando funcionários. Através da comunicação e colaboração advindas das mídias sociais, funcionários e membros da organização podem fazer mais juntos, rapidamente e de novas formas.

Esses cinco elementos organizacionais, se alimentados pelo poder das mídias sociais, tornam-se, cada vez mais, fatores importantes que podem impulsionar o desempenho da empresa. A Cisco e o BT são dois exemplos de organizações que reconheceram essa oportunidade e usaram as mídias sociais para atingir suas metas. No próximo capítulo, discutiremos muitos outros exemplos para o uso das mídias sociais no trabalho.

Participe da Conversa

Conecte-se a outras pessoas, como você, que estão explorando, experimentando e liderando o uso das mídias sociais para impulsionar a performance de suas empresas.

Acesse http://www.socialmediaatwork-connection.com para fazer perguntas, saber o que os outros estão fazendo e acrescentar suas observações e ideias às discussões. Este capítulo levanta as seguintes questões para você e para os membros da sua comunidade:

- Onde viu a atuação das mídias sociais na sua empresa? E em outras empresas?
- Onde vê oportunidades para as mídias sociais na sua organização?
- Como você viu as mídias sociais serem utilizadas em diferentes áreas de negócios, impulsionando a performance organizacional?

Notas

1. CORPORATE LEADERSHIP COUNCIL. *Driving employee performance and retention through engagement*: A quantitative analysis of the effectiveness of employee engagement strategies. Washington, DC: Corporate Leadership Council, 2004. GARTLAND, M. P.; e SHELTON, C. D. Impact of organizational culture and person-organization fit on job satisfaction and commitment. Paper presented at the annual meeting of the Academy of Management, Atlanta, GA, agos. 2006.

2. UDECHUKWU, I. I.; e MUJTABA, B. Employee turnover and social affiliation. In MUJTABA, B. (Editor) *The art of mentoring diverse professionals*. Hallandale Beach, FL: Aglob Publishing, 2006. p. 195-206.

3. ORR, D.; e MATTHEWS, H. Employee engagement and OD strategies. *OD Practitioner*, 40(2), 18-23, 200*.

4. HUMAN CAPITAL INSTITUTE. *Capturing the hearts and minds of young talent through blogs* [Webinário com Brazen Careerist], 2 dez. 2008.

5. GOLD, P. Twittercruit: Should you use Twitter for recruiting? Social Workplace Blog, hire Strategies Ltd. Disponível em: <http://blog.hirestrategies.co.uk/erecruitment/2009/03/twittercruit-should-you-use-twitter-for-recruiting.html>. Acesso em: 20 mar. 2009,

6. KLINK, S. V. *Corporate social networking* [Webinário]. SelectMinds, 14 maio 2008.

7. WILLIS, T. J. An evaluation of the technology acceptance model as a means of understanding online social networking behavior. Tese de doutorado – Universidade do Sul da Flórida. Serviço de Informação de Dissertações (UMI n. 3326103), 2008.

8. Web 2.0 in the workplace increases efficiency, but distractions, leaks a concern, say Europeans. Government Technology. Disponível em: <http://www.govtech.com/gt/articles/558689?utm_source=rss&utmmedium=link>. Acesso em: 11 jan. 2009.

9. SUROWIECKI, J. *The wisdom of crowds*. Nova York: Anchor Publishing, 2005. p. 10.

10. OWEN, H. *Wave rider*: Leadership for high performance in a self-organizing world. São Francisco: Berrett-Koehler, 2008.

11. Web 2.0 in the workplace increases efficiency, but distractions, leaks a concern, say Europeans. . Disponível em: <http://www.govtech.com/gt/articles/558689?utm_source=rss&utm_medium=link>. Acesso em: 11 jan. 2009.

12. KLINK, S. V. *Corporate social networking* [Webinário]. SelectMinds, 14 maio 2008.

13. MCKINSEY & COMPANY. Building the Web 2.0 enterprise. *McKinsey Quarterly*. Disponível em: <http://www.mckinseyquarterly.com/Building_the_Web_20_Enterprise_McKinsey_Global_Survey_2174>. Acesso em: 31 jan. 2009.

14. INTERNATIONAL QUALITY AND PERFORMANCE CENTER. (n.d.) Social media for talent management [Brochura da conferência para Mídias Sociais na Aprendizagem]. Disponível em: <http://www.iqpc.com/uploadedfiles/EventRedesign/USA/2009/June/17310001/assets/brochure.pdf>. Acesso em: 2 abr. 2009.

15. TAPSCOTT, D.; e WILLIAMS, A. D. *Wikinomics*: How mass collaboration changes everything. New York: Portfolio, 2006. p. 18.

5 Exemplos
PIONEIROS

Pioneirismo

Demetra Kassis está terminando o segundo grau. Ela está cogitando em quais universidades poderá estudar. Ela quer ir para a costa oeste dos Estados Unidos, mas para onde? Ela sabe que pode procurar informações pela internet, mas o que Demtra não sabe é que algumas universidades usam redes sociais e ferramentas como o Facebook e microblog para chamar sua atenção.

Ela recebeu um tweet da Universidade de São Francisco (USF) que a deixou curiosa. Havia um link para o website da universidade. Fundada em 1855, a USF é a segunda mais antiga instituição de ensino superior da Califórnia e a mais antiga na cidade de São Francisco. É uma universidade católica privada e o corpo estudantil é composto por aproximadamente 9 mil estudantes de 75 países diferentes e está entre as quinze universidades com maior diversidade dos Estados Unidos. Conforme Demetra foi explorando o website, ela encontrou a missão da universidade. Dentre os principais valores da USF, a diversidade,

> a responsabilidade social, os serviço de aprendizagem e a excelência no ensino atraíram Demetra. O uso das mídias sociais captou rapidamente a atenção da estudante. A incorporação das mídias sociais na universidade possibilitou que a USF atraísse alunos que buscam o aprendizado com as melhores estratégias de ensino.

Um número crescente de organizações está explorando como as mídias sociais podem ajudá-las a se tornarem e se manterem competitivas entre seus concorrentes. Nosso ambiente se torna cada vez mais complexo, tanto no trabalho quanto em nossas vidas pessoais, e ele requer que usemos ferramentas para nos mantermos ágeis e adaptáveis. Como discutimos no capítulo anterior, o fenômeno emergente das mídias sociais influencia positivamente na realização de metas em curto e longo prazos. O aumento do conhecimento, as capacidades e a eficiência dos funcionários hoje ajudarão no alcance das metas mais imediatas dentro da estratégia organizacional. O capital social – as valiosas conexões entre os indivíduos – e a atenção contínua ao desenvolvimento de talentos, retenção e engajamento permitem que as organizações criem um grupo de funcionários comprometidos que podem apoiar o sucesso da empresa por muito tempo. Juntamente com o conhecimento, os capitais humano e social servem como fontes intangíveis de sustentabilidade.

A maior atenção dada às mídias sociais é sobre como as empresas utilizam esses recursos para se aproximar de seus consumidores, criando uma maior consciência sobre a marca, gerando negócios e fidelizando clientes. Engajar clientes através de mídias, como blog e twitter, aumenta a exposição da empresa significativamente. Descobrimos que muitas empresas que usam as mídias sociais para criar relações mais profundas *fora* de suas empresas, com clientes, também as usam *dentro* da organização, mas a conectividade social interna tem uma dinâmica bem particular. Ela desafia o modelo tradicional de comunicação, de cima para baixo, e a rede informal das especulações. Ela envolve a mudança nos processos de colaboração e acentua as diferenças entre os estilos de trabalho de cada uma das quatro gerações. Apesar da existência desses desafios, entre outros, as empresas acham que é mais arriscado ignorar o potencial das mídias sociais dentro das organizações. As mais corajosas se lançam, experimentam, aprendem e melhoram, trabalhando em ciclos rápidos. Muitas empresas estão abrindo o caminho para que outras as sigam.

Para completar este livro buscamos informações em pesquisas acadêmicas, livros comerciais, artigos atuais e, como você já pode imaginar, em uma grande quantidade de blogs, wikis, microblogs e conversas dentro de websites de relacionamento social. Contudo, nossas conversas com outras pessoas, através de entrevistas e bate-papos informais, nos levaram ao entendimento do potencial que as mídias sociais oferecem às organizações. O entusiasmo e o dinamismo que encontramos nessas empresas com visão de futuro são incríveis. Chamamos essas empresas de pioneiras das mídias sociais.

Nossos pioneiros das mídias sociais acreditam que a tecnologia reforçará os elementos que discutimos no Capítulo 4, *Onde as mídias sociais impactam* – (1) atrair e reter os melhores funcionários; (2) inovar, (3) obter eficiência operacional; (4) desenvolver talentos; e (5) engajar funcionários –, transformando-os em fatores que contribuirão para os objetivos de curto prazo e para sustentar a competitividade. Espalhamos muitos exemplos pelo livro, mas, neste capítulo, vamos nos aprofundar em como as mídias sociais estão reforçando esses elementos de sucesso. Nas próximas páginas também compartilharemos alguns dos melhores estudos de caso das empresas que entrevistamos e que estão na linha de frente das mídias sociais. Embora tenhamos separado os exemplos dentro de categorias, destacamos que eles são interligados e indissociáveis. Os elementos são interdependentes e, consequentemente, o uso das mídias sociais pode envolver ou impactar sobre muitos deles de uma só vez. Contudo, demarcamos estes elementos aqui para que você possa perceber o impacto que as mídias sociais podem ter nas mais diversas áreas de sua organização.

Atraindo e mantendo os melhores talentos com as mídias sociais

Todos sabemos que atrair talentos é essencial para que uma empresa tenha viabilidade. Não importa qual é o clima econômico, desenvolver talentos com diversas capacidades e agilidade permite que as empresas prosperem. Mesmo com o aumento da demanda por talentos, o fornecimento deles irá reduzir em muitas partes do mundo. Além disso, conforme a concorrência se torna global, as pessoas se dispõem a mudar de emprego facilmente, dependendo das circunstâncias. As organizações mais atentas já usam as mídias sociais como uma ferramenta para encontrar os candidatos ideais. Vamos explorar como algumas empresas tiraram proveito das mídias sociais nessa guerra por talentos.

Salesforce.com

Na batalha para conseguir os melhores formandos universitários, a salesforce.com sabe que deve estar onde esses estudantes passam seu tempo, por isso a empresa faz parte de websites de relacionamento social como o Facebook e LinkedIn.[1] As tecnologias também funcionam como um modo de manter contato com seus novos contratados, no período entre o ciclo de contratação de outono e o primeiro dia de trabalho depois da formatura. A Salesforce.com percebeu bem cedo que seus novos funcionários, estudantes, estagiários e ex-alunos controlavam os convites de novas pessoas para a rede da salesforce.com, utilizando ferramentas de mídia social, como o Facebook. Essa estratégia de recrutamento é mais sincera e genuína, e é um processo quase autogovernado, muito diferente do processo tradicional, que utiliza uma equipe de recrutamento.[2] A Salesforce.com também integra uma ferramenta de microblog (Twitter) juntamente com seu software de gestão de relacionamento com clientes. A empresa quer que seus melhores candidatos a reconheçam como líder de ponta, e o uso das mídias sociais é a evidência desse desejo. Assim todos os novos contratados podem experimentar esse posicionamento desde o início do ciclo de recrutamento.

A Salesforce.com é uma das muitas organizações que estão trabalhando ativamente através das mídias sociais para atrair e reter os novos empregados da Geração Y. Os recrutadores sabem que essa audiência espera, e de fato exige, a disponibilidade e uso de ferramentas de computação social. Muitas empresas de alta tecnologia, como o Google, Microsoft e Oracle também estão usando as tecnologias de mídia para atrair os recém-formados.

A CIA

Se você está pensando que as mídias sociais são ferramentas de recrutamento exclusivas das empresas de alta tecnologia, pense de novo. Ser um espião talvez envolva saber outras línguas, viagens exóticas, identidades e códigos secretos, mas o processo de se *tornar* um espião está "aberto para todos verem". A Agência Central de Inteligência (Central Intelligence Agency, CIA) também usa os websites de relacionamento social, como o Facebook; microblog (Twitter); e até mesmo promove anúncios no YouTube para a sua divisão Nacional de Atividades Clandestinas. Não se engane; não faltam candidatos para trabalhar na CIA. Essa é uma organização que realmente procura o melhor dos melhores, mas é através das mídias sociais que ela provavelmente encontrará os candidatos ideais, aqueles que também entendem de tecnologia.

A comunidade OWL da Oracle

Vimos previamente como a Dow está lidando com assuntos pertinentes às funcionárias e ex-funcionárias. Outro exemplo de como as mídias sociais podem utilizar o poder da diversidade é visto dentro da Oracle. O grupo de Liderança das Mulheres da Oracle (Oracle's Women's Leardership, também conhecido como OWL) tornou-se um próspero programa de desenvolvimento de liderança. O propósito do OWL é promover um ambiente que permita o crescimento e retenha as melhores funcionárias, destaque suas habilidades e dê poder às mulheres da Oracle para que elas atinjam seu maior potencial. O OWL era originalmente um esforço de base, apoiado e fundado por um vice-presidente da Oracle. Ativado pelas tecnologias de computação social, o OWL se expandiu pela Oracle e agora é um programa corporativo global. Joyce Westerdahl, vice-presidente sênior de recursos humanos da Oracle e membro do comitê de direção do OWL, compartilhou conosco alguns dos valores do programa: "Nosso sucesso e nossa habilidade para nos mantermos competitivos dentro do mercado global dependem de todos os nossos funcionários serem bem-sucedidos. A estrutura e rede únicas do OWL possibilitam que a próxima geração de executivas estenda seu desenvolvimento profissional, criando uma fórmula de duas mãos para atingir o sucesso".

Além disso, os funcionários da Oracle vêm desenvolvendo e usando ferramentas de software social de ponta. Como uma comunidade, os membros do OWL têm um portal, que inclui um fórum para blogs. Os membros podem procurar uma vasta série de recursos, como anúncios, sugestões de leitura, links para recursos do setor e links para instrutores profissionais de carreira. O portal também tem salas de bate-papo e um painel virtual com fóruns de discussão. Obviamente, as mídias sociais permitiram que um grupo de talentos-chave crescesse rapidamente. As comunidades locais e globais do OWL apoiam, educam e dão poder às gerações de mulheres líderes da Oracle, atuais e futuras.

A Igreja Católica Apostólica Romana

Enquanto as organizações tradicionais talvez estejam focadas na diversidade, outros tipos de organizações também estão usando as mídias sociais para cultivar o "talento potencial" de seus constituintes, e, dentre elas, estão algumas religiões. Desde sua eleição, o Papa Bento XVI tem se esforçado para manter o catolicismo romano alinhado aos desenvolvimentos tecnológicos. Enquanto o presidente norte-americano Barak Obama tomava posse, o Vaticano lançava seu próprio canal no YouTube para manter seus fiéis atualizados sobre as atividades do papa e para celebrar "a capacidade das novas tecnologias em promover e apoiar relações boas e saudáveis e diversas formas de solidariedade"[3]. O objetivo do papa é encorajar jovens católicos de todo o mundo "a trazer o testemunho da fé para o mundo digital". Esse esforço é voltado para os grupos de afinidades católicos, e, até hoje, não pretende evangelizar ou converter as pessoas para a religião. O uso das mídias sociais conecta uma grande parte da população com a religião como denominador comum.

As mídias sociais e a inovação

Avanços nas redes sociais criam uma nova fronteira de diálogo dentro das empresas, gerando um espaço para a criação de conhecimento e agilidade organizacional. Elas unem as pessoas, formando uma comunidade. E qual é o papel das comunidades dentro das organizações atuais? No livro *Cultivating communities of practice*, Wenger, McDermott e Snyder argumentam que as comunidades de prática são vitais para o sucesso na economia global do conhecimento.[4] Eles avisam que as empresas estão competindo por uma fatia do mercado e por muito mais: eles buscam talentos-chave – aquelas pessoas que podem fazer a diferença, tornando-se líderes de mercado e atraindo capital de risco.

Obviamente, a fundamentação teórica é admirável, mas a prova está na prática. Leia qualquer jornal – tradicional ou on-line – e você pode até ficar zonzo ao perceber que existem várias histórias sobre o uso das tecnologias para obter uma vantagem competitiva, seja obtendo o *feedback* de consumidores ou rastreando tendências. Mas como essas organizações usam as mídias sociais de modo útil e inovador *internamente*?

Geek Squad

A Geek Squad foi fundada em 1994 e hoje é uma subsidiária que pertence à BestBuy. A missão da Geek Squad é fornecer apoio técnico comercial para usuários domésticos de computador. É claro que a empresa tem uma marca única, repleta de sapatos pretos, meias brancas, calças pretas, camisas brancas e gravatas do tipo clip-on. Os funcionários da Geek Squad também aprenderam a usar as mídias sociais para criar conhecimento e inovação: "Os empregados da Geek Squad usam wikis, *video game*s e todos os tipos de tecnologias alternativas colaborativas para criar novas ideias, gerir projetos, trocar dicas sobre serviços [e] até mesmo contribuir com a inovação de produtos e marketing"[5].

Os funcionários da Geek Squad utilizaram as wikis para projetar e implementar uma nova linha de produtos para a BestBuy, que ganhou prêmios de design técnico, incluindo flash drives que contêm conectores USB retráteis. Agentes de apoio aprenderam até a colaborar enquanto jogavam video game on-line uns com os outros. Uma lição-chave que a Geek Squad aprendeu dessa experiência com as mídias sociais é que inspirar a inovação e a criação do conhecimento organizacional e a colaboração através da tecnologia são iniciativas que surgem organicamente dos funcionários, em vez de ser em decorrência de ordens hierárquicas.

Philips

Além de usar wikis como uma inovadora ferramenta colaborativa, algumas empresas também exploram o uso do Second Life de forma inovadora. Como já mencionamos, o Second Life é um mundo virtual gratuito on-line – com pessoas, entretenimento, educação, negócios etc. – criado por seus residentes imaginários. Dentro do SL, os participantes podem comprar terrenos, incluindo ilhas privadas que podem ser utilizadas de diversas maneiras, para negócios, educação em campi virtuais, uso político em campanhas, recreação, comércio etc. Alguns grupos compram ilhas privadas e dividem seus gastos entre membros; desse modo eles podem garantir que seus vizinhos sejam, também, membros do mesmo grupo.

A Philips, uma empresa global diversificada de saúde e bem-estar, se orgulha de suas inovações, e agora está explorando as oportunidades dentro do SL para o desenvolvimento de produtos na área de iluminação. Eles promovem encontros de equipes, com quatro ou seis integrantes, que trabalham com facilitadores internos em ilhas privadas para interagir com produtos conceito e para participar de discussões por todo o mundo. Os designers da Philips estão usando o SL para desafiar seus usuários a pensar de modo diferente e explorar novos cenários.[6]

Oracle

Dentro da gigante empresa de softwares Oracle, engenheiros usam as wikis com frequência para o trabalho de desenvolvimento, pois colaboram com pessoas do mundo todo, dentro de um ambiente que fica aberto 24 horas por dia, sete dias por semana.

Embora os desenvolvedores de produtos usem todos os métodos tradicionais de criação, as wikis permitem que as mentes mais brilhantes colaborem e cogerem ideias para produtos que são não somente inovadores, mas que também podem ser adotados e produzidos. Os engenheiros da Oracle usam blogs e wikis como ferramentas primárias para relatar seu progresso e coordenar o trabalho entre si. As pessoas pedem e fornecem ajuda quando é necessário, e, como as informações são de fácil acesso, gerentes podem alocar e redistribuir recursos para projetos críticos.

Além das wikis e blogs, a empresa tem seu próprio microblog, o Oratweet. Como dito no Capítulo 3, O *que são mídias sociais e como elas funcionam?*, a Oracle usa o Oratweet como uma ponte para que os engenheiros possam solucionar os buracos na comunicação entre as equipes globais. Os microblogs são uma maneira eficiente de alertar seus membros sobre sucessos, desafios, melhores práticas e outras informações úteis. Não é um meio perturbador ou intrusivo como o tradicional e-mail; as pessoas absorvem o que querem, quando querem.

As mídias sociais e a eficiência operacional

Como dissemos anteriormente, a eficiência operacional ocorre quando as organizações fazem a combinação correta entre talento, processos e tecnologias para salientar o valor e a produtividade de suas operações, diminuindo o custo de transações rotineiras. Se as organizações conseguem esse tipo de eficiência, elas podem transferir recursos para iniciativas que terão maior impacto. O resultado final é que os recursos necessários para gerir tarefas operacionais podem ser redirecionados para novas iniciativas de alto valor que acrescentam capacidades ou criam resultados.

A campanha eleitoral de Barack Obama

Um exemplo notável de destaque na eficiência operacional através das mídias sociais é a campanha presidencial norte-americana de Barack Obama de 2008. Uma força significativa dessa campanha foi o uso criativo das ferramentas da internet, tanto em lugares públicos como dentro da própria organização da campanha. Também foi utilizada uma plataforma de colaboração para ampliar seus esforços em muitos Estados, organizando e colaborando com milhares de distritos de votação. Os promotores da campanha de Obama buscavam uma vantagem competitiva sobre os outros candidatos, e puderam estender seu alcance além dos métodos tradicionais, utilizando o MySpace, Facebook, YouTube e Twitter.

Um forte partidário de Obama é Chris Hughes, cofundador do Facebook. Ele aproveitou sua paixão política para promover Obama com uma campanha inovadora focada, em grande parte, em discussões on-line no site MyObama.com. De acordo com a *Fast Company*, Hughes ajudou a desenvolver "o mais forte conjunto de ferramentas de relacionamento social na web já utilizado em uma campanha política, possibilitando que cidadãos motivados pudessem se tornar ativistas, muito antes que um funcionário da campanha se aproximasse e lhes mostrasse como fazê-lo".[7] Parte da força da campanha dependia de como os voluntários promoviam as wikis, os blogs, os microblogs e as outras ferramentas da Web 2.0 para expandir seus esforços.

Vamos explorar como a wiki foi usada na campanha de Obama. De acordo com um artigo escrito por Sarah Lai Stirland da revista *Wired*, a equipe da campanha de Obama utilizou ferramentas de wiki da Desktop Central para organizar e publicar os locais de reuniões, materiais, pontos de contato e instruções para funcionários da campanha e organizadores rapidamente.[8] A ferramenta de wiki permitiu o desenvolvimento rápido de conteúdo nas poucas semanas que antecederam as escolhas estaduais (por exemplo, no Texas, na Califórnia e em Ohio) e foi mantida e atualizada por voluntários. Os promotores também usaram uma ferramenta de treinamento on-line para os chefes de distrito que permitiram um melhor gerenciamento e rastreamento de angariadores voluntários. Quando os chefes de distrito retornaram a suas "paredes de concreto", eles registravam os resultados de seus esforços na base de dados, informando quais residências tinham entusiastas, quais promoviam debates informais e quem gostaria de trabalhar voluntariamente. Eles puderam obter os nomes e contatos das pessoas que estavam dispostas a colaborar nas campanhas de cada distrito e mantê-los atualizados.

O jornalista David Carr do *New York Times* relatou que a campanha do Obama uniu diversas aplicações de relacionamento social, que "criaram uma força imprevisível para angariar fundos, se organizar localmente, lutar contra campanhas negativas e obter o voto que ajudou a ultrapassar Hilary Clinton e, mais tarde, o candidato do Partido Republicano John McCain.[9] Com uma base de dados que contém milhões de nomes de partidários, o presidente Obama entrou na Casa Branca pronto para engajar imediatamente seu eleitorado. Logo depois de sua eleição, ele enviou um e-mail aos seus partidários que dizia: "Temos muito trabalho a ser feito para colocarmos nosso país de volta no eixo e eu entrarei em contato em breve sobre os próximos passos". A equipe de Obama cumpriu essa promessa, criando um website para a transição e, depois, para a Casa Branca através do http://www.whitehouse.gov.

Resumindo, as ferramentas de mídia social possibilitaram que os partidários se organizassem de modo diferente e mantivessem suas interações continuamente, criando uma campanha mais eficiente em seu processo e mais eficaz em seu resultado. A campanha foi muito bem-sucedida, ampliando seu alcance através da complexa cena política norte-americana por meio do uso inovador e criativo das mídias sociais. Finalmente, essas tecnologias ajudaram a solidificar a vitória em 2008 e a mudar o rosto da política nos Estados Unidos, mas Obama não foi o único político inovador; outros candidatos também foram pioneiros no uso das mídias sociais: Mitt Romney utilizou a salesforce.com para rastrear gastos com a campanha, e Howard Dean usou seu blog e uma ferramenta organizacional de reuniões (http://www.meetup.com) para levantar mais fundos do que outros candidatos democratas antes dos debates eleitorais de 2004, em Iowa.

IBM

A disciplina de "gestão do conhecimento" tornou-se popular entre as empresas norte-americanas durante os anos 1990. Os funcionários armazenavam informações e documentos para que outros pudessem utilizá-los, partindo das premissas de que isso economizaria tempo e que as pessoas não "reinventariam a roda". Contudo, muitas empresas não tiveram os benefícios que esperavam. Os esforços anteriores da IBM na área de gestão do conhecimento ficaram paralisados pelas mesmas razões que muitas outras empresas também falharam: o processo era muito estruturado para os funcionários, e eles ainda retinham muito do conhecimento crítico em suas mentes. Em 2006, a IBM começou a usar sua própria ferramenta de relacionamento social, Ferramentas da Comunidade, para que os funcionários pudessem ajudar uns aos outros a resolver problemas em tempo recorde. Quando há um problema, os empregados podem postá-lo na comunidade on-line e, instantaneamente, outras pessoas oferecem soluções. Na verdade, se mais de dez pessoas responderem à pergunta, a ferramenta cria um lugar para bate-papo que permite a conversa entre os contribuintes. Para a IBM ela não é somente uma ferramenta inovadora e poderosa de colaboração, mas também um meio fundamental para acelerar o tempo na resolução de problemas e nas tomadas de decisão.[10]

A Igreja de Jesus Cristo dos Santos dos Últimos Dias

A Igreja de Jesus Cristo dos Santos dos Últimos Dias (Igreja SUD) destaca um modo único de como as mídias sociais podem melhorar a eficiência dentro de organizações que têm estruturas operacionais não tradicionais. Como uma das denominações cristãs que mais rapidamente vêm crescendo, a Igreja SUD é "dirigida" por um ministério laico (voluntários não remunerados) composto por quase 14 milhões de membros. Muitos deles estimularam o uso das mídias sociais para se comunicar de modo mais eficiente nos níveis regionais e locais. Por exemplo, um grupo regional de "solteiros medianos" (entre 27 e 45 anos) na Área da Baía de São Francisco criou blogs no MySpace para notificar seus membros sobre suas atividades. Antigamente esse grupo estava limitado a ligações telefônicas e distribuição de folhetos às congregações locais, mas, agora, eles utilizam meios de comunicação social e "marketing viral" para divulgar eventos. Um recente espetáculo na Califórnia atraiu mais de mil membros solteiros de dez estados norte-americanos e até mesmo da Europa e do Japão.

Do mesmo modo, a conferência semianual da Igreja em Salt Lake City agora é distribuída aos membros de todo o mundo através de transmissões ao vivo e podcasts. A conferência recentemente tornou-se o tópico mais discutido no Twitter durante um final de semana porque os membros enviavam tweets uns aos outros sobre os vários assuntos discutidos durante a conferência. Os líderes da SUD estão atualmente discutindo outros modos de utilizar as mídias sociais para construir um senso de comunidade, amizade e engajamento. A matriz da Igreja em Salt Lake City já até mesmo lançou um Tech Fórum on-line para pedir a opinião de seus membros e não membros sobre como implementar a tecnologia nas operações da Igreja de forma mais eficiente. De acordo com os líderes da SUD, as mídias sociais irão acelerar a missão da Igreja "com uma velocidade mil vezes maior e com maior facilidade" do que seria possível em tempos bíblicos.[11]

Hewlett-Packard

A Hewlett-Packard Company (HP) tem uma força de trabalho extremamente grande distribuída por todo o mundo, e é comum que a colaboração se entenda por muitos departamentos e regiões geográficas. Consequentemente, a empresa começou a utilizar as mídias sociais em seus esforços para melhorar sua eficácia. Eles criaram uma ferramenta on-line para acelerar a colaboração, chamada *WaterCooler*. Desenvolvida em 2007, a WaterCooler imita uma sala de reunião dos escritórios corporativos, mas permite um maior *insight* sobre os pensamentos dos funcionários. Qualquer conteúdo que seja postado na WaterCooler é "público", aberto para todos os funcionários e prestadores de serviço da HP, e as pessoas que colocam informações no sistema são identificadas pelo nome.

Os cientistas dos laboratórios da HP, a área interna de ideias da empresa, estão estudando o uso e o impacto que a WaterCooler terá sobre o desempenho da empresa.[12] Até agora, os achados indicam que as pessoas usam a WaterCooler como um método eficiente para saber o que as outras pessoas na empresa estão fazendo. De modo geral, a maioria dos pesquisados percebeu que a WaterCooler mudou suas percepções sobre a colaboração na HP.

Alguns indicaram que a WaterCooler os faz sentir "um pouco melhor e mais humanos"[13]. Outro usuário comentou que as mídias sociais personalizaram a organização e a tornaram mais "real". Outros perceberam que as mídias sociais criam coleguismo dentro da empresa em um momento de incertezas econômicas. As emergências globais geram muitas discussões na WaterCooler. Após um incêndio nas instalações da HP no Sul da Califórnia, muitos funcionários informaram seus colegas de todas as partes do mundo que estavam bem.

O valor da WaterCooler para cultivar relações benéficas entre funcionários e eficiência operacional é convincente. O recurso de marcação da ferramenta é muito útil. Os funcionários marcam tópicos como *hobbies*, interesses, produtos, projetos, habilidades e equipes. Contudo, os resultados mais notáveis da pesquisa mostraram que a marcação de pessoas on-line permitiu a formação rápida de equipes virtuais, que as orientações para novos funcionários fossem feitas de modo mais ágil e que houvesse um maior senso de engajamento. A WaterCooler também ajudou a promover a inovação, possibilitando que os funcionários encontrem internamente o conhecimento e a especialidade corretos mais rápido do que eles faziam antes.[14] Além disso, com toda a informação bombardeando os funcionários todos os dias, a WaterCooler fornece um modo para que os membros da equipe sinalizem o que é importante e em que eles devem focar sua atenção. A ferramenta ajuda as equipes de projetos, em especial, a atingir suas metas com maior eficácia. Eles usam a WaterCooler para brainstorming, compartilhar marcos em um projeto e fornecer simples atualizações de logística.

Com certeza há diversas barreiras que impedem a aceitação de ferramentas como a WaterCooler. A HP mencionou que teve limitações de tempo, participação desigual e clamor pela atenção de vozes eletrônicas concorrentes. Através da experiência com a WaterCooler, a HP aprendeu lições importantes sobre como adotar as mídias sociais. Eles notaram que precisam de patrocínio dos gerentes, apoio adequado de TI e acesso aberto às informações. Apesar desses desafios, os resultados indicam que a WaterCooler tem um enorme valor para os negócios. O uso das mídias sociais aumentou a sensação de conexão entre funcionários e iniciativas da empresa. Sabemos que negócios são realmente feitos durante o almoço ou perto do bebedouro, nos momentos informais. A WaterCooler da HP acelera as operações de negócio de um modo que muitos funcionários jamais imaginariam ser possível dez anos atrás.

As mídias sociais e o desenvolvimento de talentos

Equipes de treinamento e desenvolvimento de funcionários também estão descobrindo usos inovadores para as mídias sociais, buscando compartilhar conhecimento, desenvolver habilidades e gerir talentos. A capacidade de compartilhar conhecimento, aprendizados e sabedoria de modo rápido e fácil cria uma cultura de aprendizagem. As mídias sociais possibilitam a aprendizagem contínua no próprio trabalho e permitem que os funcionários utilizem suas novas habilidades em situações reais de trabalho e em tempo real.

Hospital Henry Ford

O Hospital Henry Ford, em Detroit, desbravou novos territórios em 2009, fornecendo oportunidades de aprendizagem em tempo real para seus estudantes de medicina.[15] Eles utilizaram feeds de vídeo on-line para "serem discutidos" durante cirurgias e também foram pioneiros no uso de microblogs para outras partes interessadas. Um técnico instalou um computador no canto da sala de operação para distribuir seus feeds no YouTube durante uma cirurgia de tumor cerebral em um paciente de 47 anos. (O paciente consentiu antes da cirurgia que tanto os feeds para o YouTube quanto os feeds de microblog fossem feitos.)

Em casa, os estudantes de medicina podiam assistir aos feeds do YouTube ao mesmo tempo que os cirurgiões iam expondo o cérebro do paciente. Isso permitiu que os alunos pudessem ver o procedimento de perto. O verdadeiro poder das tecnologias é permitir que alunos tenham uma visão "íntima e pessoal" do processo de decisão dos cirurgiões. Durante a operação, os médicos puderam receber questões e respondê-las conforme elas iam surgindo de todo o país, através do Twitter.

Dr. Kalkanis, um dos principais cirurgiões, disse que utilizar esses avanços tecnológicos aumenta as possibilidades e educa o máximo de pessoas possível. Kalkanis também diz que é vital que educadores se comuniquem com as ferramentas utilizadas pela atual geração de estudantes: "É uma geração com habilidades em comunicação e feedback instantâneo, interativo e interpessoal, e eu acredito que, se a educação da medicina pretende ser a mais relevante e eficiente possível, ela precisa manter o ritmo desse novo padrão"[16].

Cisco

A Cisco está explorando as mídias sociais em diversos aspectos de seu negócio. Como vimos no Capítulo 4, *Onde as mídias sociais impactam*, o uso das mídias sociais tem, cada vez mais, um papel importante no desenvolvimento de soluções de aprendizagem e no processo de distribuição. Essa empresa de redes entende intrinsecamente o poder da computação social e as buscas constantes de tecnologia para melhorar seu negócio. O estudo de caso que compartilhamos com vocês no Capítulo 4 sobre o desenvolvimento e a distribuição do curso de Organização de Desenvolvimento da Cisco (Cisco's Development Organization, CDO) mostra como a Cisco está avançando com novas aplicações de mídias sociais para criar soluções de design, distribuição e melhor aprendizagem. Como apontamos, esse projeto sozinho reduziu o custo do treinamento tradicional em 90%, além da redução nos custos de viagens de 25 mil funcionários. Greg Brower (planejamento de currículo do CDO) e Linda Chen (gerente do programa) aliaram essa solução às estratégias de negócio da Cisco, promovendo inovação, redução de gastos, expansão e engajamento de funcionários.[17]

Instituto de Formação de Treinadores

O Instituto de Formação de Treinadores (Coaches Training Institute, CTI) é uma das primeiras organizações que treinam e certificam instrutores pessoais e de negócios por todo o mundo. O treinamento rigoroso que o CTI dá aos seus alunos tem uma abordagem completa de diversos métodos, demonstrando o comprometimento que a empresa tem com o poder das relações. O CTI vem usando as mídias sociais de forma eficaz há muitos anos. É através do seu portal na internet que os membros (alunos atuais e ex-alunos) têm acesso a uma ampla rede de recursos reunidos em uma comunidade central. Membros podem utilizar essa rede eletrônica para continuar a desenvolver suas habilidades como instrutores, participar de apresentações e eventos patrocinados pelo CTI, manter-se atualizados sobre as novidades na área de treinamento e interagir de forma contínua, trocando ideias e informações, com outros membros do CTI.

Além desse recurso central, o CTI oferece muitas comunidades de nichos e geográficas para seus membros. Eles se reúnem para criar aprendizagem, compartilhar recursos, cultivar alianças, desenvolver oportunidades e construir comunidades para nichos específicos. Centenas de instrutores acessam o portal do CTI diariamente para atualizar seus perfis, promover discussões públicas, consultar o calendário e procurar outros membros.

O processo de treinamento e certificação do CTI foi projetado de forma notável. A primeira fase do programa é composta por uma série de workshops presenciais na área do estudante, durante seis meses; a segunda fase envolve uma comunidade de estudantes de todo o mundo. Eles são divididos em grupos com nove integrantes cada, e devem se encontrar uma vez por semana para receber instruções, praticar e discutir, mas nunca pessoalmente. Toda a comunicação, currículos, materiais e recursos estão disponíveis no website da comunidade. Esse centro de informações é a conexão vital entre as pessoas. O portal inclui capacidades de rede social, mecanismos de busca, vídeos, podcasts e uma variedade de grupos de interesse abertos para comunicação. O mais importante é que os participantes do programa de certificação acessam o portal para escrever posts semanalmente. O blog permite que eles reflitam sobre suas práticas, façam perguntas, deem dicas e aprendam com as experiências uns dos outros. Esse programa global não teria tanto sucesso se não utilizasse as mídias sociais.

O Grupo de Desenvolvimento de Talento e Organização Global da Oracle

A Oracle utiliza as tecnologias de mídia social de forma agressiva para realçar os investimentos na aprendizagem e desenvolvimento de seus funcionários. No começo deste capítulo, mostramos como a Oracle usa as wikis e fóruns no desenvolvimento de produtos, além de fóruns e espaços de rede social para engajar, de novas maneiras, as mulheres líderes da empresa. Como vimos no Capítulo 3, O *que são mídias sociais e como elas funcionam?*, a Oracle também utiliza as mídias sociais de diversos modos, e um dos usos mais benéficos é na área de gestão de talentos.

O grupo de Desenvolvimento de Talentos e Organização Global incorpora as mídias sociais na maioria de suas soluções de desenvolvimento e serviços de consultoria. Um exemplo importante é a Academia de Líderes Globais, um programa global voltado para líderes seniores de alto potencial do grupo de engenharia de serviços. Esse programa tem duração de um ano e manteve seu foco nas iniciativas estratégicas de liderança e nas colaborações entre as fronteiras geográficas e funcionais. Cada uma das três equipes de iniciativa incluía líderes de lugares e com funções diferentes. Para manter o progresso e a riqueza do aprendizado dentro e com cada equipe, o programa promove o uso de uma wiki como ponto central para os projetos, um fórum de discussão para manter o diálogo e diversas sessões de webinário. Os resultados do programa produziram três melhorias bem-sucedidas nos negócios e uma gama de líderes preparados para assumir cargos executivos.

As mídias sociais e o engajamento de funcionários

Estudos e pesquisas contínuos identificaram que há uma relação de apoio mútuo entre o desempenho dos negócios e a cultura do engajamento. A cultura se correlaciona com a retenção e influência a rentabilidade através da redução do custo com capital humano, incluindo custos de recrutamento.[18] Uma cultura de colaboração e contribuição permite uma maior experimentação com as mídias sociais, possibilitando que os funcionários se tornem mais engajados, tenham um propósito maior e sintam que fazem a diferença. Cada um dos próximos exemplos representa os modos como as redes e outras mídias sociais podem influenciar o engajamento e a cultura organizacional de forma positiva.

Best Buy

Uma pesquisa recente mostra que a criatividade e o desempenho de trabalho e das equipes aumentam quando funcionários se tornam parte de redes sociais bem desenvolvidas.[19] A Best Buy, por exemplo, usou sua comunidade de relacionamento social interna, a Blue Shirt Nation, para reforçar a cultura de orientação. Assim como a Geek Squad descobriu, para que o engajamento real aconteça, a cultura da empresa tem de apoiar a colaboração.

O CEO aponta que foram investidos anos para se cultivar uma cultura de orgulho, identidade e propósito.[20]

Oracle

Um especialista em tecnologia de informação observou que os softwares sociais chegaram ao ponto no qual "As pessoas dentro das organizações estão procurando mudanças, profundidade da criatividade desconhecida e o valor da colaboração". Se a implementação da tecnologia social é malfeita, os funcionários podem se sentir desestimulados.[21]

Os empregados da Oracle levaram essa recomendação a sério, e a empresa hoje promove uma cultura de conectividade com políticas inteligentes e forte aprimoramento de recursos, enquanto escuta as preferências de seus empregados internamente. Muitos funcionários da Oracle se tornaram parte da empresa através de aquisições, e, como consequência, vários membros de equipes se dispersaram geograficamente. A Oracle, então, passou a buscar uma ferramenta que ajudasse os funcionários a sentir que fazem parte de somente uma cultura, conectando-se com quem pode ajudá-los e contribuindo para uma vasta gama de projetos. Assim, uma pequena equipe de engenheiros entusiasmados criou a Oracle Connect, sem grandes alardes, sem e-mails corporativos, sem anúncios de patrocinadores. Em vez disso, ela simplesmente surgiu, e, com apenas alguns dias de vida, a participação dos membros já crescia exponencialmente.

Com a Oracle Connect, os funcionários podem criar seus perfis, e incluírem as informações que querem compartilhar. As informações mais comuns dos membros na rede incluem a natureza do trabalho atual, o que fizeram no passado e outras habilidades ou experiências relevantes. A Oracle Connect fornece um recurso de indexação para que os funcionários apenas digitem palavras-chave e acessem perfis que contêm essas palavras. Como o trabalho na Oracle é, de forma geral, colaborativo, a expansão das redes pessoais ajuda os empregados a compartilhar suas ideias com um grupo maior de pessoas. Dentro de uma empresa na qual o conhecimento é valorizado, os indivíduos querem se tornar conhecidos por serem fontes de informação e *expertise*, e aqueles que precisam de informações querem encontrar essas pessoas rapidamente. A Oracle Connect permite que o alcance dos funcionários se amplie dentro de um ambiente de mudanças constantes, mantendo todos a par das ferramentas mais recentes que podem ajudá-los a contribuir de forma mais eficiente. Engenheiros inteligentes acreditam que garantir acesso às tecnologias emergentes, como o iPhone e outros equipamentos exigidos pelas novas gerações, é desafiador, mas também divertido. Para eles, isso é engajamento.

De forma indireta, os engenheiros mais novos ou aqueles que são novos na Oracle são encorajados a entrar na briga. Esses novos funcionários estão recebendo orientações práticas durante este processo e eles não demoram a entender como as coisas funcionam. Através das mídias sociais eles podem participar inteiramente de qualquer esforço e são imediatamente valorizados e levados em consideração. Essa ferramenta permite que os novos funcionários se envolvam desde o começo, dando sua contribuição adicional e impactando diretamente na redução do ciclo de desenvolvimento de produto.

IBM

A IBM é outra grande organização que vem lançando agressivamente diversas ferramentas de mídia social internamente, buscando cultivar a cultura do engajamento e contribuição. Uma vez que novos funcionários são contratados, as organizações querem vê-los a par dos processos rapidamente. O termo *on-boarding* refere-se tipicamente às atividades que ajudam funcionários a se integrar e a se tornar produtivos mais rápido. A IBM é uma dentre muitas empresas que usa as mídias sociais para impulsionar o processo de on-boarding, que hoje vai muito além das tradicionais salas de workshop de "orientação para novos funcionários". A empresa, por exemplo, usa o Second Life para novos empregados – criando um processo eficiente e eficaz que acelera a curva de aprendizagem e os ajuda a se tornar mais produtivos rapidamente.[22]

A IBM continua procurando recursos para manter seus funcionários engajados e produtivos ao longo de suas carreiras. A Divisão de Recursos está explorando como as tecnologias mais recentes podem funcionar de modo eficiente e bem-sucedido dentro dos negócios. Algumas das ferramentas da IBM incluem: Dogear (uma comunidade baseada no sistema de marcação do Delicious), Blue Twit (microblog) e Many Eyes, um portal na web que permite que as pessoas carreguem todos os tipos de informação dentro dele, visualizem-nos e iniciem discussões em blogs e redes sociais.

A ferramenta mais bem-sucedida de mídia social da IBM é a Beehive – um aplicativo interno e voluntário de rede social. Um dos recursos mais populares da Beehive é a lista dos "top cinco". Os funcionários criam listas das top cinco coisas que eles quiserem, como os cinco projetos dos quais eles têm mais orgulho, cinco tecnologias que eles não conseguem viver sem etc. A Beehive combina informações pessoais e profissionais, e cada funcionário decide quais são seus limites de exposição. O software também permite que os usuários arrastem e soltem informações dentro de seus perfis. Tudo isso promove *autobranding*; pois os empregados se descrevem como desejam. O mecanismo de busca atualmente é feito através dos nomes das pessoas e de outras marcações. Embora a Beehive fosse inicialmente uma ferramenta "de baixo para cima", uma prova da sua utilidade é que executivos seniores a usam desde o início.[23]

Dow

Os novos recém-formados contratados em qualquer empresa hoje são da Geração Millennial. Como apontamos, essa geração está interessada em colaboração, conexões e contribuições, mas seja o que for que eles fizerem, querem que seja feito rapidamente. Uma vez que os Millennials promovem as mídias sociais em seu cotidiano, as organizações notaram que devem incorporar essas ferramentas aos processos de trabalho para não perder esse talento valioso.

Como já vimos, a demanda por talento continua crescendo, enquanto a oferta está diminuindo em muitas partes do mundo. Esse ambiente, combinado com um novo ciclo de carreira e a disposição dos trabalhadores da Geração Y em mudar de trabalho, cria um desafio crescente para as organizações em atrair, engajar e reter seus recursos humanos mais valiosos, não importa a geração.

Portanto, muitas organizações estão se perguntando como impulsionar as redes sociais para que tenham a melhor vantagem entre as quatro gerações que trabalham conjuntamente? Como promover um ambiente de engajamento e melhora cultural já que os Millenials exigem essa tecnologia e outras gerações as evitam? Algumas empresas capitalizam sobre a lealdade de antigos empregados e ex-funcionários através do apoio ativo das conexões das mídias sociais.

A Dow Chemical Company é uma empresa diversificada que oferece uma ampla seleção de produtos e serviços em mais de 160 países, com mais de 45 mil funcionários que combinam química e inovação para fornecer tudo – desde água potável, alimentos e produtos farmacêuticos até tintas, embalagens e produtos para cuidados pessoais. Como vimos no Capítulo 2, *Mudanças no cenário e o que isso significa para você*, existem quatro condutores principais que determinam o interesse particular da Dow nas mídias sociais: a antecipação da perda de 40% de seus trabalhadores, a crescente demanda por talento com o conhecimento adequado, a necessidade em reter seus talentos atuais e a necessidade em contratar e reter mais mulheres na empresa.

O website de relacionamento social da Dow, a My Dow Network, é um exemplo claro de como as organizações podem usar as tecnologias sociais para se interligarem com grupos importantes. Esse website é voltado para quatro grupos diferentes da Dow: funcionários atuais, mulheres, ex-funcionários e aposentados. Quando a rede foi lançada em 2007, seu objetivo principal era permitir o acesso à memória organizacional e permitir que existisse continuidade cultural e de orientação para todos os funcionários. A rede é um meio eficaz para engajar os empregados atuais e aproveitar a energia e sabedoria de seus antigos funcionários.

A equipe de design da My Dow Network identificou diversos requisitos para o website. Esses requisitos incluem um "mecanismo de busca de relacionamentos" para localizar antigos e atuais funcionários; uma seção com oportunidades para participar da Dow em período integral, meio período ou por projeto; e um espaço voltado para os aposentados que mostra quem voltou a fazer parte da Dow. Muitos aposentados expressaram que desejam contribuir com o sucesso da comunidade, compartilhando ideias e oportunidades para voluntariado. Finalmente, o website serviu como um ponto central de notícias sobre a Dow e seus funcionários.

A Dow tem medidas para rastrear produtividade, engajamento de funcionários e retenção de empregados. Os líderes da Dow acreditam que a My Dow Network pode ajudar a melhorar os negócios, e, durante o primeiro ano depois do lançamento do website, a Dow alcançou algumas de suas metas mais significantes. Uma meta-chave era preencher os cargos de contratantes externos com antigos aposentados; nos primeiros doze meses, os aposentados da Dow preencheram mais de 10% desses cargos. A Dow rastreou mais de 4,5 mil membros durante os três primeiros meses de participação. Os usuários da rede também geraram mais de 10 mil referências para a empresa. Além disso, o benchmarking interno da Dow em relação às outras multinacionais entre as 500 maiores empresas da revista *Fortune* mostra que a My Dow Network estava entre as primeiras companhias que tinham programas similares em suas organizações.

A criação da My Dow Network foi um esforço colaborativo de diversas funções dentro da Dow: Planejamento, diversidades e inclusão, relacionamento público, recursos humanos e diversas unidades de negócio. As chaves para o sucesso destas equipes foram a identificação de um fornecedor externo de serviços, a identificação das quatro audiências específicas para a rede social – aposentados, ex-funcionários, mulheres que têm filhos e saíram da empresa e funcionários atuais – e o apoio e patrocínio dos gerentes seniores.

Utilizar as mídias sociais para conectar e engajar funcionários, ex-funcionários, mulheres e aposentados trouxe muitos benefícios para todos os envolvidos: Elas permitiram a transferência de conhecimento, a instrução de novos funcionários, transformaram aposentados entusiasmados em "embaixadores da marca", permitiram conexões mais fortes entre grupos-chave de stakeholders, facilitaram as comunicações dirigidas e ofereceram uma oportunidade para que esses grupos de afinidades contribuíssem de forma valiosa, reforçando, portanto, a reputação da empresa.[24]

Intel

Embora os novos contratados tenham muito para contribuir, o benefício dessa contribuição é, muitas vezes, lento, pois eles precisam se adaptar ao novo ambiente de trabalho. Essa situação é muito comum em diversas indústrias e, mesmo assim, a Intel está capitalizando sobre o advento das tecnologias da computação social para desempenhar um papel-chave na resolução dessa demanda, tornando recém-formados em empregados produtivos o mais rápido possível.

Os recrutadores da Intel sabem que os funcionários da Geração Y esperam e exigem a disponibilidade de ferramentas de computação social. Portanto, eles usam essas ferramentas para atrair recém-formados. Contudo, em 2009, a Intel criou um objetivo adicional de melhorar o "tempo de integração" dos novos contratados em 45% até o final do ano. A empresa percebeu que os novos recrutas querem que suas vozes sejam ouvidas. Se não houver esse imediatismo, ou seja, o acesso à informação, a possibilidade de conhecer pessoas e começar a contribuir rapidamente, os novos contratados se sentem desmotivados e abandonam a empresa, especialmente nas regiões em que a concorrência pode atraí-los com incentivos mais sedutores. Através do uso de métricas internas, a Intel determinou que está, realmente, reduzindo o tempo de integração. A disponibilidade dos relacionamentos sociais durante o recrutamento e contratação está surtindo efeito. Os novos contratados apontaram que estão se adaptando rapidamente à curva de produção para executar seus trabalhos de forma produtiva.

Pioneirismo — a Nokia acolhe as mídias sociais

A Nokia Corporation é uma empresa inovadora que demonstra o uso das mídias sociais para reforçar os cinco elementos que já discutimos. Sediada na Finlândia, a Nokia é uma grande empresa global com mais de 128 mil funcionários em 120 países; ela é a maior fabricante mundial de telefones celulares. Vamos observar mais de perto como a Nokia usa as mídias sociais para criar uma cultura de engajamento total dos funcionários e produzir produtos e serviços inovadores.

Pioneirismo

Em 2007 os gerentes seniores da Nokia declararam que iriam abraçar a internet com todo o ardor. Para Jere Korhonen, um engenheiro de produção que trabalha na sede mundial, próxima à cidade de Helsinque, essas eram boas novas. Jere se perguntava qual seria o impacto que esse movimento teria nos principais valores da Nokia, e ele não era o único funcionário preocupado em como a empresa teria de mudar para alcançar seus objetivos.

Um dos aspectos mais atraentes da Nokia é sua cultura. Foi a cultura da transparência, respeito às pessoas e trabalho em equipe que atraiu Jere e outros funcionários para a empresa. Apesar do seu tamanho, a Nokia tinha uma cultura que promovia velocidade, flexibilidade e tomada de decisões de um modo horizontal e igualitário. Até maio de 2007, os valores fundamentais propostos pela Nokia e escritos no manifesto corporativo, o Nokia Way, eram a satisfação do cliente, respeito, alcance e renovação. O que a Nokia precisaria mudar com o objetivo de se tornar uma empresa mundial pioneira no mercado da internet?

Os líderes seniores desafiaram as equipes internas de desenvolvimento e comunicação organizacional a criar uma abordagem que modelaria a internet e a Web 2.0. Eles desenvolveram uma abordagem única de "high-touch, high-tech" que objetivava conectar os funcionários de todo o mundo com essa iniciativa e conduzir um conjunto notável de resultados relevantes.

Matthew Hanwell, gerente sênior de Experiências da Nova Web, dentro da equipe de desenvolvimento e mudanças organizacionais da Nokia, estava profundamente envolvido nos processos e veículos de comunicação que a Nokia criou para incorporar esses novos valores.[25] Como Hanwell apontou, novos centros de informação foram criados para garantir que a informação relevante fosse acessível a todos e também projetados para engajar os funcionários da empresa. Portanto, a Nokia investiu na criação de diversas ferramentas que, conjuntamente, criam um novo modo para se comunicar, conectar e colaborar.

Os funcionários abraçaram o lançamento dessa nova ferramenta de comunicação interna, chamada NewsHub, na qual eles podem avaliar, votar e postar comentários sobre o conteúdo. Outro polo de comunicação lançado foi o Blog Hub, criado para consolidar os diferentes blogs da empresa. Ele oferece um lugar de fácil acesso em que funcionários podem compartilhar seus pensamentos e opiniões. Todos podem ver o que está acontecendo, o que as pessoas estão compartilhando, no que as pessoas estão votando e quais artigos estão sendo avaliados. Os dois permitem que funcionários, como Jere, participem da discussão global da Nokia. Um Blog Gerencial também permite que líderes compartilhem seus pensamentos e opiniões, usando os mesmos recursos que outros blogs. Além disso, a Nokia criou um Video Hub, muito popular, que capitaliza sobre o fenômeno do YouTube. Com o Video Hub, cada funcionário pode carregar, votar, avaliar e comentar sobre os vídeos etc.

A organização está certamente utilizando as mídias sociais de diversos modos inovadores para promover a comunicação e o engajamento entre funcionários. Como já se pode esperar, empregados usam seus dispositivos pessoais com câmeras da Nokia para compartilhar histórias interessantes. Na verdade, a equipe de gestão de mudanças aproveitou a ideia para abrir uma competição que conectasse os valores corporativos da Nokia com essa parte natural da sua própria cultura.[26] Eis o que aconteceu.

Reconhecendo a necessidade de novas habilidades com as mídias sociais, a empresa investiu no desenvolvimento de 200 funcionários, chamados de Repórteres da Nokia, que tinham a missão de relatar sobre os "valores em ação". Os Repórteres da Nokia aprenderam como criar histórias em vídeos de alta qualidade: o que faz uma boa história, como escrever o script, gravá-lo, editá-lo e postá-lo. Depois, uma série de workshops sobre mudanças de grande escala aconteceram em locais específicos para revisar, refinar e compartilhar valores corporativos. Esses workshops engajaram mais de 2,5 mil funcionários, pessoal e virtualmente. Os Repórteres da Nokia captaram as histórias e publicaram os valores para que todos pudessem vê-los.

Uma competição começou depois que os valores foram publicados. Indivíduos da empresa poderiam enviar seus exemplos pessoais de como colocavam os valores em ação, através de seus próprios telefones ou ferramentas de mídia social, como o YouTube. Os funcionários contribuíriam com um brilho artístico! As participações foram postadas no Video Hub, e todos na empresa votaram no vídeo que acreditavam encarnar os valores da Nokia em ação. Os vencedores logo alcançaram a maioria dos votos e entraram para a história da Nokia.

Através do uso das tecnologias de mídia social – suas próprias tecnologias! –, a Nokia conseguiu reunir as histórias das pessoas que ficam atrás dos produtos e serviços, design, tecnologias futuras, ambiente e metas de negócio. Através do uso criativo e inovador das mídias sociais, a Nokia engajou toda a sua força de trabalho e renovou seus valores: Engajar Você, Alcançar Juntos, Paixão por Inovação e Muito Humano. Por sua vez, esses valores fundamentais apoiam e avançam a estratégia de negócios da Nokia.

Esse exemplo ilustra muitas das forças que movem o funcionamento de uma organização. Transparência, compartilhamento e confiança são partes fundamentais do DNA da Nokia. A empresa pediu para que os funcionários contribuíssem de forma criativa, e eles o fizeram em grandes números! A Nokia desenvolveu um novo conjunto de habilidades de que precisaria como uma empresa da área de internet através do uso estratégico das mídias sociais. Elas impulsionaram a inovação, engajaram toda a forca de trabalho de um modo prazeroso e significativo, ganhando comprometimento compartilhado dos valores corporativos fundamentais. A empresa também reduziu custos ao usar as mídias sociais para criar trocas e diálogos virtuais que desejava. Ela demonstrou seus próprios valores de engajamento e inovação de um modo divertido e criativo que colocou o poder nas mãos dos funcionários. Sem dúvida, essa experiência renderá na retenção dos talentos da Nokia em longo prazo. Além do mais, conforme essa história for sendo compartilhada e ecoar pelo tempo, a próxima geração de funcionários da Nokia se tornará cada vez mais ansiosa para também construir sua carreira dentro da empresa.

| Comece pelo mais importante |

Durante todo este capítulo focamos as forças que melhoram o desempenho organizacional atual e a mantém no futuro. Por exemplo, a criação rápida de inovação e o conhecimento levam, naturalmente, a ciclos menores e aumentam a velocidade de produção, além de manter seus melhores talentos interessados e inspirados. Embora a rentabilidade tenha um papel central na sustentabilidade de uma empresa, os ciclos de macro e microeconomia flutuam invariavelmente entre os períodos de crescimento, períodos de estagnação ou declínio. Não estamos argumentando de forma alguma que o uso das mídias sociais *sempre* aumenta a rentabilidade de uma empresa, embora isso aconteça em muitos casos.

As organizações são desafiadas a identificar quais os melhores usos para as mídias sociais que irão beneficiá-las. Neste capítulo, compartilhamos como muitos pioneiros das mídias sociais estão incorporando essas ferramentas dentro de suas operações diárias. Esperamos que eles tenham gerado novas ideias sobre como você pode se beneficiar com o uso dessas ferramentas na sua organização. Sempre comece com os fundamentos do seu negócio – propósitos, metas e estratégias chave. Como vimos no caso da Nokia, a empresa conhecia o núcleo dos valores da empresa e a importância em envolver sua criativa força de trabalho. A USF também conhece a essência de seu propósito em atrair os melhores alunos para seu campus. Essas organizações, tão diferentes, e muitas outras neste capítulo, encontraram modos para que as mídias sociais aumentassem o desempenho organizacional atual.

Mesmo que você queira cultivar o uso das mídias sociais em sua organização, elas ainda são um novo território. Implementar essas estratégias é uma coisa, mas obter a aceitação da sua organização é outra. No próximo capítulo, compartilharemos com você um "guia" útil – recomendações de pioneiros para fazer com que as mídias sociais funcionem na sua organização.

Participe da Conversa

Conecte-se a outras pessoas, como você, que estão explorando, experimentando e liderando o uso das mídias sociais para impulsionar a performance de suas empresas.

Acesse http://www.socialmediaatwork-connection.com para fazer perguntas, saber o que os outros estão fazendo e acrescentar suas observações e ideias às discussões. Este capítulo levanta as seguintes questões para você e para os membros da sua comunidade:

- Quais desses pioneiros têm objetivos similares aos da sua organização?
- Como você pode combinar as ideias desses pioneiros para encontrar o ponto de partida das mídias sociais na sua empresa?
- Como você pode aumentar o alcance do que você já faz se utilizar as mídias sociais em uma das cinco forças organizacionais?

Notas

1. WALKER, J. Salesforce.com goes Web 2.0 recruiting. Recruit the Web 2.0 Way. Disponível em: <http://john-walker.info/recruitment-technology/salesforcecom-does-web-20-recruiting/>. Acesso em: 11 jun. 2009.

2. MARTE, J. Twitter yourself a job. *Wall Street Journal*. Disponível em: <http://online.wsj.com/article/SB123103484826451655.html?mod=googlenews_wsj>. Acesso em: 11 jun. 2009.

3. TAYLOR, M. The Pope embraces YouTube, Facebook. *Wall Street Journal* [Blogs]. Disponível em: <http://blogs.wsj.com/digits/2009/01/29/the-pope-embraces-youtube-facebook/>. Acesso em: 11 jun. 2009.

4. WENGER, E.; MCDERMOTT, R.; e SNYDER, W. M. *Cultivating communities of practice*: A guide to managing knowledge. Boston: Harvard Business School Publishing, 2002.

5. TAPSCOTT, D.; e WILLIAMS, A. D. *Wikinomics*: How mass collaboration changes everything. New York: Penguin Group, 2008. p. 240.

6. UGOTRADE. Philips design's ideation quest in Second Life. Disponível em: <http://www.ugotrade.com/2008/06/16/philips-designs-ideation-quest-in-second-life>. Acesso em: 11 jun. 2009.

7. MCGIRT, E. How Chris Hughes helped launch Facebook and the Barack Obama campaign. Fast Company. Disponível em: <http://www.fastcompany.com/magazine/134/boy-wonder.html>. Acesso em: 26 jun. 2009.

8. STIRLAND, S. L. Democrats launch McCainpedia, an attack site masquerading as a wiki. *Wired*. Disponível em: <http://www.wired.com/threatlevel/2008/05/democrats-launc/>. Acesso em: 11 jun. 2009.

9. CARR, D. How Obama tapped into social networks' power. *New York Times*. Disponível em: <http://www.nytimes.com/2008/11/10/business/media/10carr.html>. Acesso em: 11 jun. 2009.

10. LAMONICA, M. IBM warms to social networking. *ZDNet News.* Disponível em: <http://news.zdnet.com/2100-3513_22-149740.html>. Acesso em: 28 jan. 2009.

11. FAUST, J. E. *Ensign*, p. 18–19, maio 1999. Disponível em: <http://tech.lds.org/index.php?option=com_content&view=article&id=199&Itemid=6>. Acesso em: 22 jun. 2009.

12. BRZOZOWSKI, M. J. WaterCooler: Exploring an organization through enterprise social media. In Proceedings of the 2009 international conference on supporting group work. Sanibel Island, Florida, USA. ACM Press, maio 2009. p. 10-13.

13. Ibid. p. 7.

14. MAIHACK, B. Comunicação pessoal, jul. 2008. CEGUERRA, L. Comunicação pessoal, 2009.

15. PINTO, B. Using Twitter to teach: Surgeons 'tweet' from operating room during brain surgery. *ABC News.* Disponível em: <http://abcnews.go.com/GMA/Weekend/story?id=7140272&page=1>. Acesso em: 11 jun. 2009.

16. Ibid.

17. CHEN, L.; e BROWER, G. Comunicação pessoal, 2 fev. 2009.

18. WATKIN, C.; e HUBBARD, B. Leadership motivation and the drivers of share price: The business case for measuring organizational climate. Leadership & Organizational Development Journal, 24(7), p. 380–386, 2003. WHELAN-BERRY, K. S. *Did the organizational culture really change?* Show me the data. Salt Lake City, UT: Utah Valley State College, 2006. (Apresentado em 2006 na Reunião Anual da Academia de Gestão em Atlanta, GA.) GARTLAND, M. P. Impact of organizational culture and personal-organizational fit on job satisfaction and commitment. Kansas City, MO: Rockhurst University, 2006. (Trabalho apresentado em 2006 na Reunião Anual da Academia de Gestão em Atlanta, GA.)

19. ADLER, P. S.; e KWON, S. W. Social capital: Prospects for a new concept. *Academy of Management Review*, 27(1), p. 17–40, 2002.

20. TAPSCOTT, D.; e WILLIAMS, A. D. *Wikinomics*: How mass collaboration changes everything. New York: Penguin Group, 2008. p. 224–245.

21. HOWLETT, D. The social network penny drops at Oracle. ZDNet. Disponível em: <http://blogs.zdnet.com/Howlett/?p=122>. Acesso em: 11 jun. 2009.

22. IBM. IBM virtual onboarding with Second Life [YouTube video]. Disponível em: <http://www.youtube.com/watch?v=s21YDrBm9F4>. Acesso em: 11 jun. 2009.

23. IBM. Overview of Beehive. Disponível em: <http://domino.watson.ibm.com/cambridge/research.nsf/0/8b6d4cd68fc12b52852573d1005cc0fc ?OpenDocument. Intranet Insider. Beehive builds buzz at IBM. Disponível em: <http://www.communitelligence.com/blps/blg_viewart.cfm?bid=59&artID=551>. Acesso em: 25 jun. 2009.

24. KLINK, S. V. *Corporate social networking* [Webinário]. SelectMinds, 14 maio 2008.

25. HANWELL, M. Comunicação pessoal, 4 mar. 2009.

26. FORSBERG, A.; e KOMONEN, J. *Renewing Nokia's culture and values:* Web 2.0 to support change. (Trabalho apresentado na conferência anual da OD Network, em Austin, Texas, out. 2008. Ian Gee e Antti Miettinen foram parte da equipe de gestão de mudanças que orquestrou os esforços.)

6 Fazendo as MÍDIAS SOCIAIS Trabalharem: Um Guia

Pioneirismo

A Emergent Solutions, Inc., é uma empresa global líder em consultoria de desenvolvimento sediada em Palo Alto, Califórnia. Com uma grande equipe com mais de 65 habilidosos consultores de confiança, a Emergent Solutions considera a colaboração uma de suas características mais marcantes. A empresa, na verdade, refere-se à própria rede de consultores como "O Grêmio", demonstrando a interação e o apoio que são essenciais para o sucesso da empresa.

As mídias sociais têm um papel importante na produtividade da Emergent Solutions, melhorando sua colaboração e aperfeiçoando suas operações. A diretora administrativa Chris Cavanaugh-Simmons diz: "Precisamente um ano atrás, as circunstâncias me forçavam a olhar para as mídias socais. Um conhecido me disse que eu deveria explorar os sites de relacionamento social e as wikis e também recomendou que eu aprendesse mais sobre elas. A primeira coisa que me inspirou foi o fato de as metas da Emergent

Solutions combinarem perfeitamente com os princípios de uma wiki: estar aberto, trabalhar conjuntamente, compartilhar e agir globalmente. Aí eu de fato me interessei em quais eram as possibilidades a ser exploradas".

Chris percebeu que conforme a Emergent Solutions crescia, os projetos se expandiam globalmente, mas a empresa não estava estimulando a inteligência coletiva da sua habilidosa comunidade de consultores da forma mais adequada. Consequentemente, a empresa perdeu oportunidades de sinergia, inovação e respostas ágeis para seus clientes. A Emergent Solutions também tinha que focar os processos operacionais e o fluxo de trabalho básico. Cavanaugh-Simmons lembra como a situação era frustrante: "Estávamos enterrados nos processos transacionais necessários para gerir nosso negócio, e deixamos nossas estratégias de alto nível e sonhos para o futuro temporariamente de lado".

Então as mídias sociais entraram no jogo. A ferramenta primária inicial escolhida pela empresa foi a wiki por causa de seu valor intrínseco como ferramenta de colaboração comunitária. A empresa estudou diversas soluções e finalmente escolheu a SocialText como parceira.

Até hoje, a Emergent Solutions desenvolveu alguns espaços de trabalho wiki:

- O Espaço Comunitário para compartilhar assuntos atuais, eventos, discussões, recursos, melhores práticas, lições para melhorar a eficiência interna ou soluções para clientes.
- Um "laboratório de design" para funcionários postarem seus projetos para monitoramento, visibilidade, responsabilidade e transparência.
- Um "wiki hub", disponível através do website da Emergent Solutions e acessível sem senha, no qual clientes podem

aprender e compartilhar *insights* sobre os desafios estratégicos, de liderança e organizacionais. Os consultores da Emergent Solutions postam com frequência suas pesquisas atuais e lições aprendidas com suas experiências de trabalho.

- A wiki de Estratégia como Narrativa para a comunidade de consultores, líderes de pensamento externo e clientes que colaboraram na criação dessa nova oferta.

- Espaços para clientes privados desenvolvidos para captar *insights*, questões e ideias nos relacionamentos entre executivos de treinamento ou no engajamento de consultoria.

Os benefícios são claros. A Emergent solutions até brincou com o termo Web 2.0 e agora usa o termo Consultoria 2.0, explicando para seus clientes que a abordagem colaborativa fornece melhores resultados em um tempo mais curto. De acordo com Cavanaugh-Simmons: "Chamamos as mídias sociais de utilitários. Elas se tornaram um componente essencial em nossas operações – são tão importantes quanto o uso da luz ou da calefação". A Emergent Solutions percebeu uma melhora visível na qualidade de seus serviços ao cliente e na eficiência de suas operações. Uma vez, por exemplo, um cliente fez um pedido complexo a Cavanaugh-Simmons e ela imediatamente o colocou no Grêmio. As respostas coletivas foram obtidas através da wiki, e Chris pode revisar suas opiniões, colocá-las em um documento e dar uma resposta ao cliente no dia seguinte. Ela "encantou" o cliente com sua rapidez e profundidade de *insight*. "Nós realmente fazemos o que dizemos quando usamos a Web 2.0 para pôr em prática nossas estratégias de parceria, transparência e agilidade de Consultoria 2.0", diz Chris. "Esse é um ótimo modo de ilustrar para os clientes como nossas capacidades globais e poder colaborativo criam valor."

Na verdade, o uso das mídias sociais otimizou os processos internos da Emergent Solutions de um modo que a empresa não precisou contratar funcionários em tempo integral. Implementar as mídias sociais, obviamente, não foi fácil. Muitos dos consultores mais experientes da Emergent Solutions não eram tão desenvoltos com a tecnologia como gostariam de ser, e alguns esforços anteriores de implementação de tecnologia já haviam fracassado. Contudo a SocialText, parceira da Emergent Solutions, atenuou os problemas técnicos, melhorando recursos.

Cavanaugh-Simmons viu a implementação das mídias sociais como um sucesso, parcialmente porque a empresa notou o processo como uma mudança organizacional complexa pela qual qualquer um de seus clientes pode passar. Aqui estão algumas das lições que eles aprenderam:

- Compartilhar a visão e começar a conversa. Primeiro mantenha seus parceiros a par da sua meta, então seus funcionários-chave, depois a comunidade, para que todos vejam aonde você quer chegar, o porquê disso e como os clientes e a organização irão se beneficiar.

- Seja absolutamente obstinado em pedir que as pessoas usem as novas ferramentas. Forneça treinamentos, mantenha contato, delegue responsabilidades sobre os novos processos e, depois de um tempo razoável, abandone a antiga infraestrutura, não deixando outra escolha a não ser o novo método de trabalho.

- Repita o que você diz, muito mais do que você acredite que seja necessário. Para a Emergente Solutions, "Está na wiki" tornou-se um mantra, até que todos os membros finalmente aprenderam a usá-la para buscar suas respostas.

- Explore e adote a Web 2.0 de modo divertido. Por exemplo, em uma reunião, os membros do grêmio contaram quantas vezes seus sócios fundadores disseram a palavra *wiki*.

- Crie uma arquitetura eficiente e modelos comuns adequados às necessidades do processo de negócio e acelere a cocriação.

- Seja paciente e esteja disposto a ter um processo desorganizado por um tempo. Não se apegue a nada como um elemento estático – aprenda a expandir e reorganizar processos para melhorar a utilidade deles.
- Identifique um "jardineiro". A pessoa com esse cargo decisivo irá monitorar e "limpar" o conteúdo inicial da wiki para que os membros que acessam a ferramenta possam encontrar o que precisam facilmente e para que contribuam com conteúdo de forma fácil também. O jardineiro poda conteúdos excedentes e transplanta informações para o lugar mais adequado, garantindo que qualquer espaço on-line seja convidativo. A Emergent Solutions sentiu que esse item, aparentemente pequeno, é um fator absolutamente vital para o sucesso.
- Seja tenaz ao comprometimento de liderança. Os parceiros fundadores da Emergent Solutions nunca duvidaram do valor útil da wiki, e essa paixão é evidente dentro da comunidade. Dave Simpson, um consultor do Grêmio, foi o líder de um dos projetos internos iniciais. Ele aponta: "Chris deixou bem claro que esse era um esforço comunitário. Não haveria conversas sem sentido ou medo de deixar as coisas para trás. Claro, esperamos que Chris e Dave [Ancel] nos deem direção, e eles nos dão uma forte visão, permitindo que a comunidade modele seu futuro. Eu sei que o conteúdo é desenvolvido pelos colegas e não através do Dave e da Chris dizendo: 'Isto é o que vamos fazer'. Todos nós somos responsáveis pelo nosso desenvolvimento e para onde estamos indo".

Cavanaugh-Simmons está muito otimista sobre o futuro e sobre o desenvolvimento contínuo do modelo de Consultoria 2.0 da Emergent Solutions. Conforme o componente utilitário da empresa continua a crescer, os consultores aproveitam a riqueza da comunidade do Grêmio. Suas contribuições à wiki proporcionam acesso às ferramentas e ao conhecimento que cada um tem

> a oferecer. Cavanaugh-Simmons diz: "Precisamos de algo para a crescente organização global e agora temos um ótimo método para compartilhar informações 24 horas por dia, 7 dias por semana. A cocriação é nosso Santo Graal e estamos entusiasmados com essa oportunidade de negócios com nossos clientes".

A Emergent Solutions capitalizou sobre as conexões disponíveis em todas as organizações – grandes, pequenas, privadas ou sem fins lucrativos. Embora esses tipos de empresa tenham propósitos, base de clientes, resultados, estrutura, composição e modelo de negócios diferentes, todas têm uma coisa em comum: elas não são nada sem as pessoas. O uso bem-sucedido das mídias sociais não é sobre tecnologia; é sobre as pessoas. É sobre o *meio de campo*: relações e conexões que estimulam ideias, energia e propósito. O que permitiu o sucesso da Emergent Solutions foi a ênfase dada na liderança de sua equipes pelas mudanças e na aceitação de um novo modo de trabalho através das mídias sociais.

Até agora discutimos a necessidade das empresas em aceitar as mídias sociais, revimos algumas das mais importantes tecnologias sociais e olhamos para os diversos modos pelos quais as organizações podem se beneficiar através do uso das mídias sociais na melhora de seu desempenho. Mas como você começará a utilizar essas tecnologias em *sua* empresa?

Embora a nossa pesquisa não tenha resultado em só um caminho ou em um método de teste e comprovação de resultados, percebemos que existem algumas tendências no comportamento e nas lições aprendidas pelas empresas que examinamos. Neste capítulo, compartilhamos o que observamos sobre como as mídias sociais influenciam as organizações. Também fornecemos um guia para que você consiga a aceitação delas na sua empresa.

Nossa intenção é ajudá-lo a conseguir, mais facilmente, a utilização das mídias sociais em sua organização. Quão mais rápido for a aceitação das mídias sociais em sua organização (ou qualquer outra mudança no modo de trabalho), menor será o tempo de produtividade perdido em épocas de incerteza. Não pretendemos exaltar as virtudes de uma tecnologia, produto ou vendedor sobre outro; do mesmo modo, evitamos discutir sistemas de tecnologia, requisitos de base de dados ou software. Muitos outros livros já falam sobre esses assuntos. Nosso foco é como mudar as atitudes e comportamentos das pessoas para que a implementação das mídias sociais seja feita do modo mais eficiente.

A aceitação de qualquer mudança – seja grande, complexa seja desconfortável – envolve mudanças nas atitudes das pessoas. Não é uma decisão intelectual, na verdade é um comprometimento pessoal que toma conta de você. Inconscientemente, as pessoas têm crenças, um conjunto de pressupostos e comportamentos próprios. Elas somente adotarão uma nova mentalidade ou comportamento quando estiverem prontas, dispostas e forem capazes – e você pode ajudá-las a chegar lá.

Como as mídias sociais assumem o controle

Dentro de qualquer processo de evolução, as coisas se desenrolam de uma forma única, dentro do seu próprio tempo. A necessidade em ter estratégias de relacionamento social como um comportamento comum é muito nova, especialmente como uma alavanca dentro das organizações, pois um entendimento do modo como ela se torna parte das operações ainda está se formando. Contudo, identificamos tendências comuns dentre os muitos exemplos e experiências dessas organizações. Algumas usam uma abordagem de *"all-hands-on-deck"*. A liderança comanda a mudança, e todas as faces dessa mudança são implementadas em todos os grupos funcionais de todas as localidades geográficas ao mesmo tempo. A abordagem *all-hands-on-deck* provavelmente funcionará melhor em organizações menores, com uma força de trabalho que tenha idade e perspectivas semelhantes. Vimos como a Emergent Solutions, com seu pequeno, mas globalmente disperso Grêmio e outros líderes visionários, vem tendo sucesso ao adotar as mídias sociais utilizando essa abordagem. A *all-hands-on-deck* tem mais chance de sucesso entre funcionários que entendam de tecnologia, que desejam infraestrutura e processos ou métodos para reduzir confusões.

Algumas organizações usam uma abordagem em "fases", permitindo que pequenos grupos – geralmente distintos por função ou localização geográfica – gerem essas mudanças em diferentes momentos. A vantagem dessa abordagem é que a organização sofre pequenos "tremores" ao longo do tempo em vez de um enorme terremoto. A implementação por fases permite a aprendizagem pelo caminho. Ambas as abordagens são viáveis, ambas começam como esforços de cima para baixo, patrocinadas por líderes. Cada uma tem suas vantagens e desvantagens.

A alternativa às abordagens *all-hands-on-deck* e *por fases* é a abordagem de "ebulição" ou "de baixo para cima", que é o meio mais comum pelo qual as mídias sociais assumem o controle nas grandes organizações. Essa abordagem envolve três fases: pioneirismo, experimentação e propulsão. Durante essa evolução natural, alguns desbravadores começam a experimentar, comentários espalham-se, surge a curiosidade e mais pessoas começam a explorar oportunidades dentro de seus pequenos subgrupos. Isso pode acontecer através de esforços clandestinos. Os pioneiros usam as ferramentas que conhecem fora da organização no formato beta. Ao longo do tempo, as histórias de sucesso promovem mais experimentos, e uma massa vital é criada dentro da organização. Até esse ponto os líderes executivos já começaram a escutar histórias tangíveis de sucesso e sentem que precisam estimular as pessoas. Elas pedem conformidade, direção e propulsão para seus esforços. Essa é a hora da infraestrutura. É quando os líderes podem oferecer um conjunto recomendado de ferramentas e uma base central para as atividades. Talvez o mais importante seja que agora eles já identificaram os modos como as tecnologias sociais podem realmente melhorar as capacidades e o desempenho da organização, obtendo proveito de forma estratégica.

As abordagens *all-hands-on-deck*, por fases ou ebulição são os modos mais comuns pelos quais as mídias sociais tornam-se parte do modo de vida da organização. Em qualquer uma dessas abordagens existe a oportunidade para que líderes, gerentes de recursos humanos e consultores de desenvolvimento organizacional acelerem a aceitação das mídias sociais, aumentando a velocidade no ganho de produtividade. Embora esse seja um novo território, já existem muitas empresas que estão avançando avidamente.

Reunimos os *insights* das empresas que estão embarcando nessa jornada. Existem muitas maneiras pelas quais poderíamos compartilhar isso com você. No final, percebemos que o resultado da nossa pesquisa se encaixava em três grupos, e eles formam o *guia*.

Nossas primeiras observações nos levaram a um *processo* comum para implementar as mídias sociais. Aqueles que esperam um conjunto recomendado de atividades sequenciais que facilitam a aceitação ficarão satisfeitos com este método básico de passo a passo. As *práticas* são igualmente importantes. Conforme você se move pelo processo, o modo *como* faz as coisas impacta o seu sucesso. Discutimos muitas das dinâmicas humanas de aceitação, fundamentadas em pesquisas e experiências na gestão de mudanças. Incorporamos as melhores práticas que coletamos em nossas entrevistas. Nossos entrevistados já "passaram por isso e fizeram aquilo". Eles tentaram, fracassaram, experimentaram, tiveram sucesso, criaram novos caminhos, inventaram novos processos, provavelmente deixaram algumas lágrimas escorrerem e certamente brindaram as maiores realizações. Além do processo e das práticas, resumimos quais foram as lições-chave aprendidas através das experiências dessas organizações. Chamamos essas lições de *sabedoria emergente*. Essa sabedoria surge dos obstáculos que desafiaram os pioneiros das mídias sociais. Em muitos casos eles conseguiram superar esses desafios, e, em alguns, eles ainda exploram soluções viáveis. Resumidamente, os *insights* deste guia não são somente "nossos": eles são uma compilação de pesquisas, riscos, experiências e sabedoria de muitos pioneiros. As lições continuam sendo aprendidas, conforme ganhamos mais experiência nessa jornada contínua.

| O processo |

Atividades de processo são tarefas de alto nível que você pode realizar para moldar o progresso de aceitação das mídias sociais. Identificamos as seguintes atividades de processo:

1. Adquira inteligência
2. Esclareça seus objetivos
3. Projete estratégias
4. Implemente o plano
5. Meça o impacto
6. Promova a aprendizagem

É difícil descrever o processo sem mencionar as práticas que devem acompanhá-lo. Nós separamos os dois para mostrar que existe uma distinção entre eles, mas, na verdade, são intrínsecos – o que fazemos e como fazemos –, justamente como ciência e arte devem andar de mãos dadas para criar grandes obras de arte.

Adquira inteligência

Talvez esse primeiro passo devesse chamar "Torne-se inteligente adquirindo inteligência". Comece seus esforços reunindo informações sobre seu ambiente e sua organização. Muitos esforços de planejamento estratégico começam com uma análise de ambiente ou análise SWOT (forças, fraquezas, oportunidades e ameaças). Dentro de uma análise de ambiente, uma organização reúne informações tanto sobre o ambiente externo como o interno para que seus líderes tomem melhores decisões no processo de planejamento. É fácil imaginar os benefícios em ter informações sobre o ambiente externo. Por exemplo, uma empresa de bens de consumo empacotados, como cereais, pode estudar a demografia de consumidores potenciais, pesquisando se deve desenvolver produtos para a Geração Pós-guerra ou captar a fidelidade dos Millennials. Os produtos e as campanhas de marketing podem variar drasticamente e, como resultado, os funcionários que a empresa contrata e o desenvolvimento que eles propiciam também serão diferentes.

Ambientes internos também são importantes. A Work911, um website on-line de planejamento de negócios, aponta a importância das análises internas e suas conexões com um modelo de sistemas: "Uma análise de ambiente interno envolve observar as capacidades atuais da organização (infraestrutura, equipamentos, funcionários, habilidades, estrutura etc.) e comparar essa informação ao que a organização precisará no futuro para alcançar suas metas estratégicas"[1].

Eis o que acreditamos que você deva incluir nos seus esforços para adquirir inteligência e o porquê. A Tabela 6.1 descreve as áreas-chave recomendadas de informações que você precisa obter sobre a população da sua organização e como usar essa inteligência no processo de aceitação.

Esclareça seus objetivos

Um pouco de entusiasmo pode ser perigoso. Conforme os indivíduos vão se tornando confortáveis com as mídias sociais, as organizações começarão a investigar, cada vez mais, suas vantagens. O entusiasmo dos novos usuários pode, frequentemente, levá-los a adotar estratégias que na verdade não atendem às suas necessidades reais. Embora recomendemos a experimentação, somos fortes defensores do esclarecimento das necessidades da sua organização e na determinação de como as mídias sociais podem estimular seu funcionamento. Isso é especialmente importante para as organizações que irão tentar utilizar a abordagem de cima para baixo e para aquelas que estão entrando na fase de propulsão.

Tabela 6.1 Avaliação Organizacional de Mídias Sociais

Reúna inteligência sobre:	*Descrição:*	*Use sua inteligência para:*
Perfil demográfico	Idade, origem étnica, permanência na empresa, experiência no setor.	Posicionar as comunicações para que elas causem o maior impacto, entender os motivadores e antecipar a resistência com precisão.
Perfil de usuário de mídia social	Nível de conforto com as tecnologias sociais e atividades típicas relacionadas ao seu uso.	Determinar quais tecnologias sociais devem ser implementadas e como atingi-las.
Prontidão para mudanças complexas	Histórias de sucesso de mudanças resultantes de grandes esforços; capacidade de liderar mudanças; nível de confiança em líderes, tecnologias e entre si; visão compartilhada da necessidade de mídias sociais; uma percepção comum dos problemas e causas que levam a essa necessidade; abertura à experimentação utilizando novas soluções.	Enfatizar as necessidades da mudança das práticas de liderança, identificar e mitigar as áreas de maior risco envolvidas no processo de implementação, envolver pessoas-chave por todo o processo, planejar as estratégias para conseguir força, manter a produtividade durante a mudança.

| Estado atual do seu sistema organizacional | Os componentes e a eficácia do sistema organizacional atual; como o trabalho é realizado e como a organização é projetada para sustentar seu desempenho. | Antecipar como o uso das mídias sociais irá mudar o modo como a sua organização irá operar; planejar consequências intencionais e não intencionais; e ter uma ideia realista de quanto "trabalho" será necessário na implementação; qual nível de uso das mídias sociais você espera alcançar e quais métricas você utilizará para avaliar o uso bem-sucedido. |

É importante que seus esforços com as mídias sociais sirvam à missão e ao planejamento estratégico da sua organização. Ao adotar as tecnologias sociais, sempre haverá o benefício inerente em fornecer um ambiente moderno para as gerações X e Y, contudo, você estará enganado se pensar que a mera existência dessas tecnologias na sua organização o tornará bem-sucedido entre seus pares. Se você ainda não interligou suas estratégias de mídia social ao plano estratégico da sua organização, mas seus concorrentes já o fizeram, você ficará para trás.

Um relatório branco da Epicor, citado na *CIO* on-line descreve o impacto das mídias sociais sobre o desempenho organizacional, ou seja, que elas trazem "recursos para os usuários corporativos que não eram possíveis anteriormente. Dentre eles, possibilitando que os usuários façam buscas de modo seguro; reforçando a colaboração internamente e entre parceiros, fornecedores e clientes; impulsionando a usabilidade das aplicações de negócios; melhorando a habilidade de personalizar e integrar aplicativos e simplificando *upgrades* e manutenção"[2]. O valor estratégico desses recursos depende da estratégia de negócios da organização. Por exemplo, algumas organizações querem melhorar o atendimento ao consumidor, investindo em seus funcionários com informações para que eles possam melhor responder às perguntas dos clientes. Outras desejam trazer novos produtos ao mercado rapidamente melhorando as colaborações entre a empresa e fornecedores, clientes e parceiros. Cada organização terá objetivos de mídias sociais diferentes para apoiar suas estratégias-chave de negócios.

Dois aspectos importantes em esclarecer objetivos são: (1) articular como as estratégias de relacionamento social irão melhorar o sucesso da sua organização; e (2) medir qual o grau que você tem sobre o resultado desejado. Esses dois aspectos andam lado a lado. (Iremos cobrir métricas mais adiante nesta seção.)

Um dos melhores métodos para esclarecer estratégias é o uso do *Balanced Scorecard* e um mapa correspondente de estratégias, um método para demonstrar e comunicar as decisões intencionalmente estratégicas da organização. Desenvolvido por Norton e Kaplan, em 1992, o *Balanced Scorecard* foi revolucionário ao combinar estratégias, pensamento sistêmico, métricas e comunicações.[3] Norton e Kaplan propõem que havia mais a ser medido na estratégia organizacional do que nos resultados financeiros. Como o rendimento é um indicador retardado, em decorrência do momento em que é medido, será muito tarde para fazer ajustes fundamentais às operações da sua empresa, caso necessário. Em vez disso, Norton e Kaplan estabeleceram como três perspectivas adicionais trabalham conjuntamente contribuindo para o sucesso da organização: aprendizagem e crescimento (capital humano, de informação e organizacional), processos internos e consumidores. Sem os esforços conscientes e interdependentes em cada uma dessas áreas da organização, o desempenho da empresa será limitado.

O mapa estratégico do *Balanced Scorecard* é um resumo das estratégias da organização que permite a discussão de como as mídias sociais melhorarão cada uma das quatro perspectivas.[4] O processo de criação de um mapa estratégico esclarece os objetivos de uma organização e permite métricas para um rastreamento regular. Embora existam muitos modos de captar informações em um formato de painel, recomendamos o processo do *Balanced Scorecard* porque ele é centrado em uma visão sistêmica e é uma poderosa ferramenta de comunicação; além disso, trabalhar com o mapa de estratégias permite que os líderes vejam claramente onde as mídias sociais podem ter um impacto significativo no desempenho organizacional.

Projete estratégias

Este é o estágio que une a inteligência que você adquiriu, seu plano estratégico organizacional e seus objetivos estratégicos de mídia social. É o momento de escrever suas ideias bem-pensadas sobre como acelerar a aceitação das mídias sociais na sua organização. Pergunte a si mesmo as seguintes questões enquanto você projeta sua estratégia de implementação:

- Considerando o que sabemos sobre a audiência na nossa organização e considerando o plano estratégico e objetivos-chave da organização, quais ferramentas de mídia social podem nos ajudar a atingir nossa estratégia de negócio da melhor maneira? Onde elas terão maior impacto? (Considere as cinco áreas que discutimos nos capítulos anteriores.)
- Quem nós envolveremos? Quando e como vamos envolvê-los para que tenhamos o maior comprometimento?
- Qual formação específica é necessária para os diferentes grupos de modo que eles possam usar as novas ferramentas?
- Onde estão as melhores oportunidades para ganhos rápidos?
- Como rastrearemos nosso progresso?
- Como comunicaremos o nosso sucesso?

Durante todo o seu planejamento, lembre-se de que um bom plano estratégico hoje é melhor do que um perfeito planejamento amanhã. Em outras palavras, ele não precisa ser perfeito – apenas tem de ser feito. Todos os planejamentos estratégicos evoluem, e o seu também evoluirá.

Implemente o plano

Da perspectiva do processo, essa é a parte mais fácil. Toda organização já implementou mudanças antes. Por exemplo, as grandes corporações têm até mesmo profissionais certificados de gestão de projetos. Organizações comunitárias têm uma pessoa que entende de tecnologia e que sempre coloca o que foi acordado em ação. As organizações do setor público têm políticas que direcionam e guiam gestores capacitados de projeto e suas equipes. Durante a implementação do seu plano, as estratégias que você escolheu devem virar realidade.

Uma das decisões mais importantes durante a implementação é a seleção de parceiros de negócios, se você escolher trabalhar com eles. Eles provavelmente serão fornecedores de serviços ou software, ou empresas de consultoria. Eles são essenciais para seu sucesso e selecioná-los deve envolver mais do que uma análise de suas soluções técnicas. Muitos fatores, tangíveis e intangíveis, devem ser considerados na tomada dessa decisão. De acordo com Cavanaugh-Simmons, o parceiro da Emergent Solutions foi escolhido porque tinha visão e paixão sobre as tecnologias sociais que poderia levar a Emergent Solutions a alcançar seus objetivos. Aqui está uma lista simples de considerações para ajudá-lo na sua decisão, organizada de acordo com as seguintes categorias: experiência, capacidades e enquadramento.

Experiência

- Qual é a experiência que seu provável parceiro tem com as soluções de mídia social?
- Qual é a experiência de implementação do seu provável parceiro no seu setor ou tipo de organização?

Capacidades

- Quão bem seu provável parceiro pode integrar ou adaptar suas soluções atuais de tecnologia?
- Os sistemas dele são seguros? Esses sistemas funcionam com seu *firewall*?
- Quais são suas estratégias para armazenamento, backup e recuperação de dados?
- Ele tem um recurso de busca que possibilita encontrar informações de forma eficiente?
- Qual é o plano do seu provável parceiro para transferir conhecimentos e especialidades para seus próprios funcionários?
- Como a infraestrutura técnica e a de soluções do seu possível parceiro crescem e se modificam ao longo do tempo conforme sua empresa implementa, aprende e melhora as estratégias de mídia social?

- Qual é o sentido da parceria com essa empresa? Você tem uma boa "intuição" sobre ela? Você sente que os funcionários dessa empresa entendem o que você quer alcançar, suas esperanças e os desafios únicos da sua empresa?

Enquadramento

- Como a empresa faz parcerias com seus clientes? Quão bem ela reconhece os objetivos, as pessoas e a cultura da sua empresa?
- Qual é sua visão sobre as mídias sociais e sobre as tecnologias de computação? Quais oportunidades essa empresa vê no futuro e como ela está preparada para se tornar uma participante-chave?
- Seu provável parceiro se enquadra culturalmente na sua organização?

Outra decisão vital a ser incluída no seu plano está relacionada a determinar as melhores maneiras de preparar os membros da organização para contribuir através do uso de suas ferramentas de mídia social. Use seu perfil de usuário de mídias sociais (o perfil que está na avaliação das mídias sociais que você fez anteriormente usando a Tabela 6.1) para determinar que tipo de treinamento é necessário para os diferentes grupos na sua organização. Alguns funcionários terão primeiro que conhecer as ferramentas de mídia social, como elas são usadas e os benefícios que elas oferecem. Outros talvez só precisem se familiarizar com as ferramentas específicas que você oferece. Outros podem resistir ou se sentirem amedrontados. Seus programas de treinamento também funcionam como excelentes estratégias de comunicação, permitindo que você compartilhe sua visão e expectativas e solicite as opiniões dos membros da organização. Essa troca é essencial para construir confiança e preparar usuários para adotar e começar a usar as mídias sociais rapidamente.

Meça o impacto

Será sábio medir o impacto dos seus esforços na implementação das mídias sociais nos termos de funcionamento da sua organização e também na saúde organizacional. Três categorias de mensuração entram no jogo:

- Implementação do projeto: estamos implementando o plano de mídias sociais que projetamos?
- Projeção organizacional: o nosso uso das mídias sociais está nos ajudando a alcançar as estratégias e os objetivos-chave da organização?
- Resultados: o nosso novo modo de trabalhar (ou nosso novo sistema organizacional) está produzindo os resultados de que precisamos?

Normalmente as organizações apenas medem a primeira categoria. Gerentes preenchem relatórios de *status* com tabelas, criam estruturas de divisão de trabalho, determinam indicadores e registram marcos. Contudo, são raras as vezes em que líderes e equipes integram suas iniciativas ao plano estratégico da organização (se ele existir). Eles ignoram o modo como a empresa deve operar, como um sistema, para se dar conta do plano estratégico e produzir os resultados desejados. Além disso, podemos mencionar que líderes e equipes frequentemente fracassam na interação de suas ações com as métricas dos resultados organizacionais, como a lei de causa e efeito. Por isso, o *Balanced Scorecard* é tão valioso – ele cria uma visão da organização como um sistema.

Na Genentech Corporation, o gerente sênior de tecnologias emergentes Omar Nielsen e o diretor de desenvolvimento de aprendizagem e organização Don Kraft vêm usando as mídias sociais de diversos modos. Ambos enfatizam que os verdadeiros resultados podem levar algum tempo para aparecerem. Eles apontam que conforme grupos formam novas comunidades sociais on-line, a verdadeira aceitação ocorre gradualmente. Os membros das equipes precisam de tempo para se consolidarem como uma comunidade e para entrarem em seu próprio ritmo de interação. Consequentemente Nielsen adverte: "É comum que um grupo possa demorar entre 12 e 18 meses para entrar em sintonia, produzindo resultados que promovem seus esforços para muito além. Espere que suas métricas mostrem, de fato, uma melhora somente após um ano".

Promova a aprendizagem

A atividade final do nosso processo é reutilizar a aprendizagem ocorrida. A verdadeira aprendizagem envolve experiência, reflexão, análise, *insight* e reutilização em outra interação. Esse passo no processo serve como um espaço reservado que permite que as pessoas parem, reflitam, aprendam e reutilizem, conforme as atividades realizadas são revisitadas e os esforços evoluem. Isso é particularmente útil para o que chamamos de abordagem por fases e quando se está planejando iniciativas específicas como pilotos e pontos de prova, como vimos no treinamento CDO da Cisco (discutido no Capítulo 4, *Onde as mídias sociais impactam*).

| As práticas |

As práticas do nosso guia são essencias. Sem elas, os processos poderiam ser confundidos com simples modelos de negócios ou metodologias fracas. Dissemos anteriormente que as práticas que incluímos aqui foram retiradas da biblioteca de pesquisas sobre a eficiente liderança de mudanças e habilidades de implementação, dos muitos anos ajudando líderes e equipes a moldar organizações eficientes, e das experiências recentes e aprendizado coletivo com aqueles que estão traçando o caminho para que outros capitalizem sobre as mídias sociais dentro das organizações. Se o processo é o "que" fazer, as práticas são "como" fazer.

Esse "como" não é um assunto trivial, e frequentemente envolve habilidades que alguns acreditam ser intuitivas. É difícil deixar explícito esse tipo de conhecimento tácito, mas tentamos fazê-lo através da descrição dessas práticas e das atividades associadas a elas. Entretanto, deve-se experimentar, refletir e repetir todas as práticas para aperfeiçoar a aprendizagem. Obviamente, uma pessoa pode praticar, praticar, praticar e criar um hábito que resultará em enormes desastres. Libertar-se dessas práticas improdutivas requer coragem para fazer as coisas de um modo diferente e destruir comportamentos organizacionais costumeiros.

Mais uma vez, as quatro práticas que discutimos aqui têm suas raízes na pesquisa de gestão de mudança. Usar as mídias sociais no trabalho pode ser uma nova habilidade para algumas pessoas e isso acarreta uma mudança organizacional substancial. Essa fase ambígua entre o velho *status quo* e o novo *modus operandi* pode gerar muita confusão, frustração e dúvida. As pessoas não têm certeza de como devem se comportar porque seus métodos habituais de trabalho foram quebrados. Elas talvez precisem aprender novos processos, usar novas ferramentas, adquirir novas habilidades e formar novas relações. Durante essa transição, a produtividade organizacional diminui enquanto os membros das equipes gastam suas energias resistindo e experimentando à custa de suas atividades habituais. O mais importante é ajudar indivíduos e comunidades a lidar com a perda do modo familiar de operar e abraçar o novo paradigma o mais rápido possível, reduzindo o tempo de incerteza e gravidade da perda produtiva.

Na nossa experiência, existem quatro práticas vitais que são poderosas e ao mesmo tempo simples maneiras de ajudar as organizações a implementar as mídias sociais com sucesso, mantendo o comprometimento e o desempenho dos funcionários:

1. Envolva outros para promover comprometimento
2. Comunique para construir confiança
3. Conheça o sistema
4. Crie dinâmicas

Envolva outros para promover comprometimento

As mudanças organizacionais não ocorrem sem uma massa crítica de comprometimento. Para que os esforços na implementação das mídias sociais tenham sucesso, descobrimos que as seguintes considerações são essenciais para garantir que as pessoas tenham a mesma visão.

| **Identifique os stakeholders** | *Stakeholders* são as pessoas afetadas pelo uso das mídias sociais na sua organização – ou seja, elas têm uma "participação" no sucesso (ou fracasso) de uma aceitação. Depois da necessidade de identificar os stakeholders, é preciso entender que eles talvez tenham perspectivas diferentes sobre o uso das tecnologias sociais, especialmente quando isso irá atrapalhar o modo habitual como trabalham ou se relacionam com colegas. Por exemplo, podemos pressupor quais serão as respostas das diferentes gerações. A Geração Y já está bem-acostumada com a tecnologia, então seus membros já estão

prontos e ansiosos para usar as mídias sociais, mas os Tradicionalistas talvez não entendam como uma wiki pode substituir anotações e rascunhos de ideias escritos atrás de um guardanapo enquanto eles tomam uma boa xícara de café. Identificar os stakeholders é o primeiro passo no planejamento adequado das suas estratégias de envolvimento. Você quer envolver diversos stakeholders durante o planejamento e a implementação para que eles entendam como a tecnologia social pode ajudá-los a serem mais eficazes, pessoal e profissionalmente. Use seu perfil demográfico (obtido na avaliação organizacional da Tabela 6.1) para envolver diversos stakeholders. Quando participam, eles "dão seu sangue", criando um senso de propriedade e contribuição. Isso leva a um maior comprometimento, e esse comprometimento é essencial para manter a dinâmica dos esforços de aceitação.

| **Garanta patrocínio** | O patrocínio é um ingrediente crucial nas práticas de aceitação. Os patrocinadores são líderes que têm um papel especial nos esforços de aceitação. Eles mostram publicamente seu apoio, defendem bases de poder em uma organização, removem empecilhos para o sucesso, fornecem recursos e tomam decisões importantes a respeito da distribuição da verba, pessoas e materiais. Além disso, apoiam a direção estratégica da organização para que as mídias sociais possam contribuir para o sucesso.

Idealmente, um forte patrocinador deve dar o primeiro passo nos esforços de aceitação. Dave Simpson, um consultor do Grêmio da Emergent Solutions, comentou a respeito do poder de fortes patrocinadores durante a implementação das mídias sociais: "Ter uma forte liderança foi essencial. Desde o começo Chris e Dave [Ancel] determinaram o passo, compartilhando suas visões sobre como esse novo modo de colaboração nos permitiria ser mais eficazes e diminuir alguns dos maiores desafios que nós, consultores, temos". Contudo, como foi apontado em nossa discussão da abordagem de ebulição, o patrocínio pode acontecer durante a repetição de um processo, depois de uma massa crítica já ter percebido o sucesso das novas tecnologias e comportamentos.

| **Use conectores, especialistas e vendedores** | Dentre seus stakeholders existem pessoas com talentos que podem contribuir de forma substancial para os esforços de aceitação. Malcolm Gladwell descreve em seu livro

The tipping point por que algumas mudanças se espalham como um vírus, rapidamente e com grande alcance, enquanto outras ficam presas.⁵ A chave desse fenômeno, o que Gladwell chama de ponto de inflexão (*tipping point*), é caracterizada pelo contexto, a ideia e o envolvimento de alguns tipos de pessoas: Conectores, Vendedores e Especialistas.

Os *conectores* são essenciais para o sucesso das mensagens virais, porque eles são os polos das redes humanas. Essas pessoas adeptas da sociedade parecem conhecer todos e têm um talento para reunir as pessoas. Os conectores provavelmente têm mais de 200 "amigos" no Facebook ou LinkedIn. Você precisará de conectores para espalhar bons comentários e levar sua mensagem sobre os benefícios das mídias sociais às massas da sua organização.

Os *especialistas* talvez não tenham tantos amigos como os conectores, mas eles são vistos como professores com informações que compartilham de bom grado, sem segundas intenções. Eles têm a confiança dos colegas, são abertos às novidades e estão dispostos a acrescentar novos conhecimentos ao seu repertório. Os especialistas provavelmente contribuirão para o conteúdo valioso da wiki e serão fortes defensores do valor das mídias sociais.

Você também precisará dos *vendedores*; eles têm o dom da persuasão. Eles lidarão com membros duvidosos da equipe e criarão um argumento que mudará o jogo, tudo com um sorriso que deixa as pessoas com a sensação de que "Nossa, ele é uma pessoa bacana". Você precisará de vendedores para ajudá-lo a levar suas histórias de sucesso aos líderes executivos. Eles irão garantir o apoio do departamento de TI, conseguir o melhor negócio com o fornecedor e defender a questão da infraestrutura quando você estiver na fase de propulsão.

┤ Comunique para construir confiança

Conforme o comprometimento organizacional começa a crescer, é importante manter a dinâmica e construir confiança através da comunicação eficaz. As pessoas odeiam silêncios inesperados. O silêncio durante seus esforços de aceitação pode criar um vazio perigoso. Na ausência da informação, sua audiência pode sentir que terá de preencher esse vazio com boatos, conjunturas e histórias criativas – independentemente de sua relação com a realidade.

A menos que uma confiança altíssima já permeie sua organização em todos os níveis, não deixe que sua aceitação se torne vítima da história de alguém; garanta que todos escutem a verdadeira história. Aqui é o ponto em que a confiança começa, e você precisará de muita confiança organizacional quando for informar que as relações, os processos e as ferramentas estão mudando. Eis algumas ideias para se ter em mente.

| **Crie engajamento através de mensagens direcionadas** | Use o perfil demográfico que você criou durante a sua avaliação organizacional (veja a Tabela 6.1) e o observe de diferentes pontos de vista. O que distingue a sua audiência? É sua cultura funcional? São suas normas regionais? Um ponto de vista que é crítico na aceitação das mídias sociais revela *insights* sobre as diferenças de geração. Quão homogênea ou heterogênea é a sua força de trabalho? Essas são considerações importantes que devem ser feitas quando se está criando o plano de comunicação e suas mensagens. Se você tem uma organização diversa, uma mensagem genérica não terá importância para muitos. A Geração Y irá aceitar uma mensagem que diz "é legal, somos modernos", mas ela não será eficiente para os Tradicionalistas. Talvez eles gostassem de escutar qual o impacto das novas estratégias e como elas aumentarão a produtividade.

Outro ponto de vista pode demonstrar diferenças em gênero. Por exemplo, um estudo sugere que as mulheres, em geral, têm motivações diferentes para se envolver com as redes sociais – elas querem construir relações em vez de transações.[6] Essa informação pode ser usada para criar explicações direcionadas sobre os valores das mídias sociais em suas comunicações.

Outro aspecto importante do seu plano de comunicação é que ele deve ter uma natureza de duas mãos. Esse é o momento para escutar quais são as perspectivas das várias gerações de stakeholders e de grupos funcionais. Esses comentários são úteis para reafirmar a direção que a empresa está tomando e irão evidenciar riscos e obstáculos reais. Além disso, eles provavelmente fornecerão as melhores soluções para esses obstáculos.

| **Crie mensagens "que grudam"** | Como sabemos, as comunicações podem afetar as percepções, inclinações e até mesmo a confiança. Portanto, transmitir a mensagem correta é muito importante. Igualmente importante,

contudo, é garantir que as pessoas *se lembrem* dessas mensagens. No caso das mídias sociais, mensagens positivas sobre suas utilidades precisam sobrepor qualquer mensagem negativa que as pessoas possam receber. No livro *Made to stick*, Chip e Dan Heath focam no que faz as mensagens "grudarem" e explicam o objetivo de seu trabalho: "Nosso interesse é em como as ideias eficazes são construídas – o que faz com que algumas ideias grudem e outras desapareçam"[7]. Os Heaths discutem como as lendas urbanas são conhecidas no mundo todo como fatos reais. Eles revelam que existem seis princípios comuns nas ideias que se fixam:

1. Simplicidade: as melhores ideias são profundas e simples. Como parábolas, são mensagens curtas com significado que perdura por muito tempo.

2. Imprevisibilidade: seja ousado e espontâneo. O elemento da surpresa atrai interesse.

3. Concretude: não esqueça de usar imagens. Uma imagem realmente vale mais que mil palavras, e uma descrição gráfica dá a forma e textura às ideias abstratas.

4. Credibilidade: dê uma chance para as pessoas experimentarem a ideia por si mesmo. A experimentação os ajuda a decidir se vão ou não acreditar na sua ideia.

5. Emoções: o matemático Blaise Pascal observou: "O coração tem razões que a própria razão desconhece". Apesar da nossa racionalidade, não podemos ignorar nossa intuição. Crie uma mensagem que toque o coração de outros.

6. Histórias: todos nos lembramos de boas histórias. As histórias dão o contexto para uma ideia com uma sequência de eventos e personagens interessantes. As boas histórias permanecem por muito tempo e atingem muitas pessoas. Conte histórias muito boas para a sua audiência de modo que ela não consiga deixar de recontá-las.

Nós gostamos dos "seis grudentos", porque fazem sentido. Eles não exigem treinamento específico e nem credenciais de marketing. Como os Heaths dizem: "Não existem grudologistas licenciados"[8]. Contudo, assim como a maioria dos princípios na aceitação de mudanças, eles fazem sentido, mas a prática não é tão comum. Combine uma mensagem que fixa, bem-pensada, com um conector, um especialista e um vendedor ao seu lado e você terá um ótimo começo para divulgar as novidades sobre como as mídias sociais irão melhorar as capacidades e desempenho da sua organização.

| **Grite seu sucesso aos quatro ventos** | Quando se está trabalhando na aceitação das estratégias de relacionamento social, não é a hora de praticar a humildade. Como um dos elementos-chave da fixação, sua história é o que atingirá as diferentes partes da sua organização. Crie um zumbido. O sistema social, também conhecido como "vinhedo", irá se agarrar a esse zumbido através de suas novas ferramentas de comunicação. Os sucessos desse ínterim e os desbravadores devem ser destacados para que aquelas pessoas ainda hesitantes vejam os resultados. Sem esse reforço, os pioneiros não serão reconhecidos e os outros não terão assunto para conversar durante o café, em suas webconferências ou em seus blogs.

Conheça o sistema

Agora que você tem mais consciência sobre a evolução natural das mídias sociais na sua organização, é bom ter uma visão geral de como ela opera. Sua organização está em movimento e você irá agitar o *status quo* com o uso das mídias sociais. Organizações de todos os tipos são sistemas abertos. Elas não são totalmente independentes e interagem com o ambiente além de suas paredes. Elas obtêm as opiniões necessárias do ambiente e as levam para dentro do sistema de suas organizações – em suas operações diárias – para criar produtos e serviços. Por exemplo, as organizações escutam as necessidades de seus clientes, obtêm recursos de fornecedores, formam parcerias, tem presença física e de marca dentro do mercado e apoiam consumidores após a venda. Reconhecer a sua organização como um sistema aberto faz com que você se lembre de que o que acontece *dentro* da sua empresa refletirá *fora* dela e vice-versa. O limite que você imagina que separa a sua organização do mundo externo é, na verdade, um filme transparente e frágil. Funcionários compartilham frustrações com amigos – e o efeito em longo prazo disso é a inabilidade de atrair e reter os melhores funcionários. Consumidores dividem suas experiências ruins – e o efeito em longo prazo disso é a diminuição de fidelidade da marca e a inabilidade de criar parcerias estratégicas. Você consegue ver o que estamos falando.

Obviamente, o modo como a sua empresa funciona internamente também é sistêmico. Se você deseja mudar as prioridades de seus funcionários, você deverá educá-los, capacitá-los com as ferramentas certas e gratificá-los apropriadamente. Qualquer uma dessas questões sem as outras é inútil. Da mesma forma, para acelerar um produto para entrar no mercado, você deve ter os designers adequados, garantir que o processo de manufatura é atual e criar parcerias com os distribuidores certos. Qualquer um desses processos sem o outro não fará com que o seu produto chegue às prateleiras primeiro.

É vital ter um entendimento das dinâmicas organizacionais e outras dinâmicas específicas do seu mundo organizacional se você deseja tentar implementar qualquer mudança complexa, especialmente se você quer a aceitação bem-sucedida das estratégias de mídia social. Conhecer a formação do sistema da sua organização permite que você identifique como as suas estratégias possivelmente afetarão os componentes operacionais da sua empresa e os resultados que você criará. Além disso, o pensamento do sistema demonstra as ações que você deve tomar para alinhar os componentes à capacidade e ao desempenho sustentável. Se você quer que as pessoas usem as mídias sociais no trabalho, deve integrá-las ao sistema da sua organização de forma eficaz. Você deve educar seus funcionários a respeito do seu valor, fornecer ferramentas de fácil acesso, reforçar as mídias sociais como parte do seu processo de trabalho e recompensar aqueles que contribuem e colaboram com essas ferramentas.

As seguintes sugestões propõem modos de integração das mídias sociais às dinâmicas do seu sistema organizacional.

| **Determine as novas normas operacionais** | Cavanaugh-Simmons da Emergent Solutions descreveu um dos maiores desafios que a equipe de consultores encontrou ao implementar uma wiki como sua ferramenta primária de colaboração. "Uma coisa que não antecipamos foi como as nossas normas de trabalho iriam mudar. O modo como normalmente dividíamos o trabalho, rastreávamos nosso progresso e aprimorávamos nossas interações tornou-se desnecessário. Percebemos rapidamente que teríamos que deixar nossos

novos processos, ferramentas e normas claros." Cavanaugh-Simmons viu como o sistema operacional diário da organização foi alterado. A equipe precisava entender que eles estavam aprendendo a andar em uma nova bicicleta, e Cavanaugh-Simmons precisava garantir que as rodas eram de verdade e que os sistemas estavam alinhados. Como as mídias sociais são, frequentemente, necessárias e se não houver o reconhecimento explícito de como o trabalho será feito, os funcionários ficarão frustrados com as ferramentas que não se encaixam nos antigos processos e normas que eles, teimosamente, insistem em usar.

| **Considere as consequências não intencionais** | Uma das consequências não intencionais na aceitação das mídias sociais é a alienação de um segmento da sua organização. Essa é uma situação difícil de ser encarada quando a intenção das tecnologias sociais é criar uma força de trabalho mais coerente. A resistência é comum, especialmente dentre aqueles que se sentem ameaçados pelos novos modos de trabalhar ou por novos canais de informação. Considere o gerente sênior que trabalhou muito para construir alianças políticas, ganhar experiência do setor e juntar um grupo de indivíduos que o procuram para assistência e orientação. De repente, uma nova wiki, um fórum de discussão e uma rede social do setor permitem que novos funcionários encontrem respostas sem precisar desse gerente e aprendam mais com seus amigos em outros grupos. Embora ele reconheça que o aumento no conhecimento é bom para a produtividade de sua equipe, a perda do poder informal pode levá-lo a se sentir menos valioso dentro da equipe e da organização. O gerente pode começar a subverter os esforços para capitalizar sobre o relacionamento social, limitar sua equipe ou decidir levar seus anos de experiência e conhecimento para outra organização.

Essa é apenas uma das muitas consequências não intencionais que devem ser consideradas. Imagine o futuro estado de trabalho de sua organização. Onde as coisas serão diferentes? Quais implicações negativas as mídias sociais podem gerar? Para prevenir consequências não intencionais, é preciso antecipá-las e incorporar pequenas atividades específicas no seu plano que irão criar a organização que você quer. Nem tudo está na mão do destino: você pode agir para criar o futuro.

| **Reforce o movimento** | Se o gerente que descrevemos no cenário anterior muda de perspectiva e utiliza as mídias sociais, ele também se beneficiará com a expansão de conhecimento, especialmente se a rede dele, mais madura, também entrar no mundo on-line. Na verdade, o gerente pode até se tornar um grande contribuidor da rede social; como retorno, seu valor e autoestima são estimulados. Essa é a oportunidade de reforçar suas ações na aceitação das novas tecnologias e comportamentos. Ele pode se tornar um exemplo, uma história que merece ser espalhada aos quatro ventos. Ele é especialmente útil dentro da comunidade a qual pertence, que ainda pode estar resistindo às mudanças. Coloque-o para trabalhar com um colega que não vê valor nas mídias sociais e permita que ele defenda as suas ideias. Se ele for um especialista ou um vendedor, então, será um ótimo defensor.

Crie dinâmicas

Alguns dizem que os sistemas organizacionais saudáveis são sempre direcionais – eles estão indo a algum lugar. De uma perspectiva cultural, mudar de direção ou acelerar uma mudança desejada requer dinâmica. Dependendo do tamanho de sua organização e também da escala de mudança, a dinâmica pode ser difícil de ser obtida. Contudo, um grande aumento na dinâmica nem sempre requer esforços proporcionais – pequenas e simples ações podem gerar grandes resultados. A seguir damos algumas ideias para ajudar nesse processo.

| **Encontre um jardineiro** | Mencionamos este tópico no começo do capítulo. Uma horta não irá prosperar se for abandonada. Um pouco de fertilizante, poda, rega e talvez um pouco de carinho, e a semeadura gerará bons frutos. Se você inicia um relacionamento com leitores através de um blog, deve retornar continuamente para compartilhar seus pensamentos. A menos que você forneça uma corrente constante de comentários, seus leitores perderão o interesse para outra informação mais convincente. Marty Fahncke, autor e especialista de marketing da internet, recomenda que, iniciado um blog, você deve mantê-lo regularmente – talvez uma vez a cada duas semanas.[9] Outros recomendam intervalos diferentes, mas a tendência é clara: você deve dar atenção regular

para cultivar sua rede social. Se você criar conteúdo, deve criá-lo com frequência, para manter sua dinâmica.

Além de um fluxo constante de novas informações, um papel fundamental é necessário nos bastidores. Greg Pope da Question*mark* insiste: "Você deve delegar a responsabilidade a alguém – não do conteúdo –, mas na manutenção e apoio aos membros". Cavanaugh-Simmons explica: "Uma das melhores coisas que fizemos foi pedir a Claudia para cuidar do website. Precisávamos de um jardineiro, e ela tem sido ótima em manter a wiki organizada". Manutenção constante é um grande obstáculo para o sucesso. É importante que a informação seja alocada em um lugar ideal, onde os membros de uma comunidade podem procurar informações, contribuir com o conteúdo e comentar sobre os pensamentos de outras pessoas facilmente. O jardineiro é quem garante que as ferramentas que você usa são atuais, acessíveis e úteis.

| **Crie pequenos ganhos e pontos de argumentação** | Em conjunto com a abordagem de ebulição, os pioneiros traçarão o caminho, experimentando e gerando pequenos sucessos. Encontre uma oportunidade para um pequeno sucesso, explorando essa energia e experiência criativa dentro de uma questão organizacional importante ou dentro de um objetivo de longa data. As gerações mais antigas exigirão pontos de argumentação e resultados visíveis antes de investir tempo, energia e dinheiro nas estratégias para mídias sociais. Você deverá fornecer provas. Seja esperto e selecione as oportunidades para fortes ganhos e os ofereça aos seus pioneiros.

Na Intel, Laurie Buczek, gerente de programas de computação social, ficou entusiasmada ao poder se conectar com Steve Snyder, gerente de programas de tecnologia da informação (TI). Snyder viu o poder de usar as mídias sociais para promover o valor das práticas "verdes" no trabalho. A redução nos custos de TI era uma oportunidade, mas Snyder tinha a visão de que seus funcionários poderiam compartilhar suas visões de estratégia verdes e gerar novas ideias de suas vidas pessoais para suas vidas profissionais. O potencial era enorme, e Snyder buscou o apoio de Buczek nos esforços para o uso das mídias sociais. Buczek estava ansioso para ajudar: "Steve tinha o perfeito *case* de negócios. Estamos animados para ver como promover esses novos comportamentos por toda a Intel com a ajuda das tecnologias de computação social".

| Queime os navios, se necessário | Ensinamos nossas organizações a se moverem lentamente. Humanos são seres inteligentes e aprendem rapidamente. Todos conhecemos o famoso cenário familiar de um pai sentado à mesa de jantar dizendo pela oitava vez: "Essa é a última vez, não vou dizer de novo. É sua última chance. Coma seus legumes. Estou falando sério agora, não estou brincado...". Essa criança sabe que existem, pelo menos, mais algumas "últimas chances". Dentro das organizações, somos ainda mais espertos. Depois de muitas iniciativas paralisadas, projetos abandonados e mouse pads com a campanha do ano passado, os funcionários sabem quando devem se comportar do seguinte modo: "Se eu esperar mais um pouco para aceitar isso, essa moda também passará e tudo voltará a ser normal como antes".

Hernando Cortés, explorador espanhol, foi um líder de mudança que estava à frente de seu tempo. Depois de chegar em Veracruz, no México, seus 400 homens resistiam a derrubar os astecas. A história do modo único como ele motivou sua tripulação tem sido contada repetidamente – uma mensagem realmente que fixa. Um artigo *Thinkquest* sobre a conquista asteca a descreve da seguinte maneira: "Infelicidade e inquietação dentre sua força obrigaram Cortés a queimar os navios que trouxeram os espanhóis, garantindo, portanto, que a conquista fosse o único modo de sobrevivência em longo prazo"[10]. A lição é clara para os líderes de mudança. Em algum ponto, não pode haver retorno. Pode soar drástico, mas pode funcionar bem se usado sabiamente. Cavanaugh-Simmons arquivou todos os projetos desenvolvidos usando a ferramenta anterior da Emergent Solutions. A wiki é hoje a única estrutura disponível para os funcionários. Depois de ter criado "atração" suficiente, fazendo a transição para as mídias social irresistíveis, você talvez tenha de mudar para um método de "expelir" as velhas estruturas e deixar seus funcionários sem outra opção a não ser acompanhar o avanço da empresa.

A Tabela 6.2 resume as práticas e atividades associadas que discutimos nesta seção.

Tabela 6.2 Práticas-Chave para Implementar as Mídias Sociais

Práticas	Atividades
Envolva outros para promover comprometimento	• Identifique os stakeholders • Garanta patrocínio • Use conectores, especialistas e vendedores

Comunique para construir confiança	• Crie engajamento através de mensagens direcionadas • Crie mensagens "que grudam" • Grite seu sucesso aos quatro ventos
Conheça o sistema	• Determine as novas normas operacionais • Considere as consequências não intencionais • Reforce o movimento
Crie dinâmicas	• Encontre um jardineiro • Crie pequenos ganhos e pontos de argumentação • Queime os navios, se necessário

| Sabedoria emergente |

Uma pessoa pode considerar sabedoria como "conhecimento bem-aplicado". A respeito do uso das mídias sociais nas organizações, gostaríamos de propor que a sabedoria consiste na integração apropriada de processos e práticas – a combinação da quantidade certa de todos os ingredientes que mencionamos neste capítulo cria a mágica da aceitação generalizada das mídias sociais dentro de sua organização.

Não podemos deixar de ressaltar que existirão diferenças em como e em que nível as mídias sociais serão implementadas em cada organização. Contudo acreditamos que existam, pelo menos, alguns princípios que irão lhe guiar pelo caminho. O autor, professor e consultor Marshall Goldsmith diz: "Uma pessoa sábia aprende com sua própria experiência – uma pessoa mais sábia aprende com a experiência dos outros"[11]. Além dos processos e práticas que já discutimos, aqui existem pequenos pedaços de sabedoria que recebemos através dos líderes que entrevistamos. Alguns receberam essas joias através de seus próprios sucessos e outros, com seus "erros". Seja qual for a lição aprendida, a sabedoria agora está em suas mãos!

─| Considere questões de privacidade e acesso

Tenha certeza de que você está considerando a plataforma de tecnologia certa com a segurança adequada às suas necessidades. Vimos que os membros de uma organização procuram modos seguros e confortáveis para compartilhar abertamente. Se eles se preocuparem em como suas informações ou ideias poderão ser vistas por audiências não identificadas, eles não irão contribuir do mesmo modo. Isso destrói o poder das mídias sociais. É essencial ter uma conversa transparente com seu grupo de TI ou fornecedor de tecnologia sobre as necessidades de segurança da sua organização.

Mostre as políticas claramente

Como o uso das mídias sociais talvez envolva um novo conjunto de comportamentos, as organizações devem deixar suas expectativas claras. Dizemos isso com cautela porque a premissa central do compartilhamento com as mídias sociais é a habilidade de se conseguir mais com a troca gratuita de conhecimento, ideias e recursos. Contudo, funcionários, voluntários e membros da comunidade apreciarão se você informá-los quais são os limites de uso. Criar políticas corretas em relação ao uso, alcance de acesso e privacidade irão também influenciar de forma significativa o sucesso de seus esforços na implementação das mídias sociais. Obviamente, as políticas podem mudar ao longo do tempo, mas tenha certeza de que elas existem! Uma boa política de participação nas mídias sociais irá cobrir muitos, se não todos, os seguintes tópicos:

- Qual política se aplica a quais mídias sociais (por exemplo, blogs, wikis, fóruns e outras multimídias).
- Assuntos discutidos (produtos, consumidores, informação competitiva etc.).
- Como o uso corporativo das mídias sociais pode ou não se relacionar ao uso pessoal das mídias sociais fora da empresa.
- Quais os usos aceitáveis e não aceitáveis e qual o conteúdo.
- Confidencialidade de algumas informações sobre funcionários, empresa, clientes, marketing, atividades de aquisição, novidades de produtos etc.
- Incentivo de cortesia e respeito.
- Uso anônimo é permitido ou não (uma empresa de biotecnologia do Vale do Silício tem uma política que não permite "posts anônimos", promovendo cortesia, consideração e responsabilidade).

- Respeito aos direitos autorais.
- Quando alguém pode falar pela empresa ou não.
- Uso responsável dos recursos da empresa.
- Onde buscar ajuda, postar questões ou pedir maior informações (por exemplo, o departamento jurídico, gerentes ou grupo de comunicações corporativas).

Determine o tom

Além das políticas documentadas, existe uma energia intangível nas comunidades sociais dentro das organizações; cada uma tem seu tom e personalidade. Conforme você cria comunidades sociais, determine o tom que você busca. O tom reforça o comportamento dos membros da comunidade. Deixe o propósito da comunidade guiar o tom. A comunidade é focada na troca de conhecimento e informações valiosas? Você então deve esperar muitas perguntas e rápidas respostas com informações, recursos e referências. A comunidade é focada em inovação e desenvolvimento? Então você deseja que os participantes compartilhem grandes ideias e objetivos diferenciados e quer que eles combinem diferentes informações sem medo de se sentirem tolos.

O diretor de desenvolvimento organizacional e aprendizagem na Genetech, Don Kraft, ajudou a estabelecer o tom dos websites de relacionamento social usados nas soluções de aprendizagem da empresa: "Nossa intenção é ressaltar a aprendizagem, portanto, eu encorajei cada um dos gerentes de nossas comunidades a estimular as discussões com os participantes. Desse modo eles promovem a aprendizagem de forma significativa. Eles sabem o que é esperado deles e os participantes sabem que devem contribuir para debates provocativos e desafiadores".

Além dos componentes de mídia social que você deseja incluir, considere também o design – a aparência do seu website. Cores, fontes, gráficos e a quantidade de texto em relação ao espaço branco – tudo tem um papel importante para determinar o tom apropriado para a sua comunidade. Se você está fazendo uma parceria com um fornecedor, deixe-o saber qual é o tom que você quer estabelecer. Caso use uma ferramenta pública, essa tarefa será sua.

Escolha a tecnologia adequada

A tecnologia não é a consideração mais importante, mas você precisa ponderar sobre ela. Escolha a plataforma de tecnologia e os veículos escaláveis (eles se estendem com o uso crescente das mídias sociais dentro da sua organização) e interoperáveis (integrados com outras tecnologias que você já usa ou usará no futuro). Você precisará de espaço no seu servidor e bons softwares. Uma vez escolhidos seus elementos base, a tecnologia que você pode promover ou usar é ilimitada – literalmente! Faça sua lição de casa – mas saiba quando evitar a "paralisia por análise" e agir com determinação ao implementar *algo* (que é melhor que nada). Como o tecnólogo Ben Katz do desenvolvimento de simulação interativa Espire diz: "Seus funcionários já têm experiências com as ferramentas de mídias sociais... portanto, apenas descubra e use o que seus funcionários já conhecem e gostam em vez de empurrá-los para outra direção".

Foque em propor valor

Uma razão para usar as mídias sociais deve existir, e essa razão deve ser amplamente conhecida e compartilhada. É muito difícil executar o uso das mídias sociais se elas não tiverem um bom propósito. Embora às vezes seja necessário um pouco de pressão, o *empurrão* de uma equipe mais eficiente, um trabalho mais fácil ou um futuro mais brilhante são sempre mais atraentes. Divulgue o valor das mídias sociais no início dos seus esforços e faça com que todos se lembrem dele com frequência.

Como apontado no passo de processo sobre identificar objetivos, a proposta de valor das mídias sociais deve estar associado às suas estratégias. A proposta pode ser, inicialmente, organizacional, mas deverá, inevitavelmente, ser internalizada de forma individual. Permita que a transição aconteça, sabendo que todos irão aceitá-la em seu próprio ritmo – e que alguns não a aceitarão. Em uma empresa, os executivos seniores de uma unidade específica de negócios patrocinaram a implementação das mídias sociais, mas raramente as utilizavam. Todos os tipos de esforços e estratégias foram usados para estimular a experimentação e o uso delas. Finalmente os executivos determinaram que o valor das mídias sociais na organização era de uma natureza mais operacional e não precisava, necessariamente, do envolvimento executivo. Essa estratégia funcionou para a empresa deles, e as mídias sociais ainda são usadas por toda a organização. Ela talvez não funcione em outra empresa ou situação, mas a mensagem é esta: avalie a proposição de valor e a faça logo. Incorpore-a ao seu plano estratégico e às necessidades de seus funcionários. Quanto mais cedo, melhor.

Não deixe seu talão de cheques decidir

Você não precisa investir muito dinheiro para começar a promover o poder das mídias sociais (mas você pode, se quiser!). Ginny Brady, uma voluntária na diretoria da UFirst Federal Credit Union, em Nova York, começou um blog público com praticamente nada. É o primeiro do seu tipo dentro de todo o setor das cooperativas de crédito. O blog é chamado de The Boardcast (http://www.theboardcast.net) e se tornou uma ferramenta essencial na criação de conexões entre as cooperativas de crédito e sua comunidade local. Na cabeça de Ginny, o pequeno investimento gerou enormes dividendos para a organização e para o movimento da cooperativa de crédito na sua região. Ginny focou seus esforços na estrutura, design, conteúdo e monitoramento. Ela começou de modo acanhado, mas os acessos cresceram rapidamente, e Ginny aprendeu que a construção comunitária é o nome do jogo. E era a proposta de valor ideal para a UFirst Federal Credit Union.

Lembre-se da palavra "social" em mídias sociais

De acordo com Eugene Kim, da Blue Oxen, uma empresa de consultoria colaborativa, as mídias sociais "ajudam as pessoas a se lembrarem de que ser social tem um efeito importante na confiança, comunicação, fortalecimento de relações, aprendizagem e partilha de conhecimento". Lembrar-se dessa *raison d'être* irá ajudá-lo a evitar o erro de estabelecer metas irrealistas de aceitação. Kim vê as redes sociais como um modo de mostrar a vida de uma organização como se tivesse, de fato, um pulso.

Os Escoteiros da América (Boy Scouts of America, BSA) compartilham seu ponto de vista. Celebrando seu 100º aniversário em 2010, o BSA buscou as redes sociais para divulgar a celebração entre seus membros e para fazer barulho. Através do uso da rede comunitária social on-line chamada *My Scouting*, o BSA rapidamente atingiu milhares de membros, criando uma base de comunicação e colaboração – o pulso do movimento –, organizando e promovendo com eficácia as festividades de 2010.

Não sobrecarrege as pessoas com informações

Todos os dias somos bombardeados com excesso de informações. Elas vêm de todas as partes, e todos devemos contribuir para evitar o problema moderno da sobrecarga de informações. Se não prestarmos atenção, as mídias sociais podem se tornar apenas outra fonte de "poluição informativa". Kim, da Blue Oxen, admite que é algo realmente problemático: "Estamos aprendendo a lidar com isso agora". Um modo que ele sugere para tornar a sobrecarga de informações em *insights* valiosos é controlar o canal de entrega. SMS, TV, rádio, Twitter, jornais e revistas on-line – cada um desses canais fornece informações. Só porque mais canais levam sua mensagem não significa que se ganha mais *insight* com ela. Às vezes, menos é mais. Escolha o canal mais adequado para a sua audiência. Outro modo é simplesmente lembrar que os usuários filtram informações e não há nenhum problema nisso: "Às vezes um técnico de poltrona é melhor do que um técnico de verdade. Eles têm a vantagem de ter menos informações", diz Blake Bush, vice-presidente de multimídia da Enspire. "Nós usamos [as mídias sociais] porque as pessoas gostam de usá-las e não simplesmente porque todos estão usando". Isso é importante. Quando os funcionários gostam de usá-las e veem como elas os ajudam a ser mais produtivos, eles prestarão atenção.

O guia que traçamos neste capítulo é um recurso útil para o processo, práticas e sabedoria emergente, mas não dá todas as respostas. Não há substitutos para experimentação, aprendizagem e melhora na próxima tentativa. A Intel é uma empresa que vem usando as mídias sociais internamente há algum tempo. Vemos a Intel entrar na terceira fase da abordagem de ebulição: *divulgação*. Sua força de trabalho já ganhou muita experiência e confiança em trabalhar com as ferramentas de mídia social, e o trabalho da empresa agora é permitir que seus funcionários acessem e usem essas ferramentas do modo mais eficiente possível.

| Pioneirismo — a Intel descobre seu guia |

Pioneirismo

Steve Snyder, gerente de programas para a organização de TI da Intel, estava coordenando a iniciativa verde da empresa como parte dos esforços para melhorar a sustentabilidade corporativa. Ele sabia que o mais importante era conseguir o comprometimento da ação entre os mais de 80 mil funcionários da Intel, mas se perguntava como iria promover a "mentalidade verde" por toda essa força de trabalho global. Como ele mesmo é um usuário das mídias sociais, Snyder instintivamente buscou Laurie Buczek, gerente de programas de mídia social da Intel, para refletir sobre o assunto.

Laurie Buczek é responsável por cultivar as mídias sociais na Intel "para que nossos funcionários as usem como um meio de transformar o modo como colaboramos, conectamos e comunicamos hoje. Meu foco é somente em como fazemos isso dentro da empresa".

A Intel é a maior empresa do mundo de semicondutores, com uma força de trabalho global. As mídias sociais tornaram-se parte integral de suas operações. Como o trabalho em equipe e a inovação são valores fundamentais, a empresa promove a liberdade no uso dessas mídias para que os funcionários tirem o maior proveito delas. A Intel presenciou a explosão das mídias sociais quando seus primeiros inovadores, inicialmente motivados pelo fator "bacana", começaram a compartilhar informações através de blogs e fóruns de discussão em 2004 e em wikis em 2005. Hoje, cada empregado, executivo ou grupo pode ter seu próprio blog, fórum de discussão ou wiki.

A Intel usa o termo "computação social" para caracterizar suas mídias sociais, referindo-se a todas as ferramentas de colaboração social, como blogs, wikis, mídias de transmissão em tempo real e microblogs. Conforme a Intel começou a explorar a computação social, ela descobriu uma série de pressões do ambiente que forçavam a aceitação interna, incluindo o "consumo" externo das mídias sociais. Referindo-se ao uso prolífero dessas ferramentas fora do ambiente de trabalho, a empresa reconheceu o inevitável vazamento dentro dos ambientes internos. Agora o departamento de TI não oferece as melhores e mais recentes tecnologias às pessoas – ocorre o inverso. Os funcionários estão encontrando softwares livres "lá fora" e os apresentando aos outros internamente. Como consequência, o departamento de TI devota muita energia para fornecer um ambiente seguro e confortável para que os funcionários acessem informações sigilosas e colaborem livremente sem medo de sabotagem.

Outro fator que gera a aceitação das mídias sociais na Intel é a mistura das quatro gerações na força de trabalho. Buczek descobriu que as ferramentas de computação social não são fornecidas pelos funcionários Millennials; eles rapidamente se desinteressam e deixam a empresa procurando um lugar onde as ferramentas já estejam disponíveis.

Além disso, entre os anos 2012 e 2014, a Geração Pós-guerra da Intel começará a se aposentar em grande número. Até hoje não existe um método comprovado de captar o conhecimento que deixará a empresa com eles. Através da promoção das mídias sociais, a Intel busca encontrar o melhor modo de reter parte de sua memória corporativa – a razão para a tomada das decisões, o contexto histórico e os debates que geraram as estratégias-chave de negócios.

Essas diretrizes deram à Intel o ímpeto de moldar a próxima fase de suas ferramentas de computação social – arquitetura altamente modular que se integra com os aplicativos-chave de produtividade do escritório, um portal central e um forte mecanismo de busca dentro da intranet. A Intel já lançou novos perfis nas redes sociais, encorajou o uso do microblog para atualização de *status* e permitiu que os funcionários criassem suas próprias comunidades através das funcionalidades de blogs e wikis.

Essas capacidades estão se tornando essenciais nos processos de recrutamento e *on-boarding*. Como vimos no Capítulo 5, *Exemplos pioneiros*, em 2009, a Intel estabeleceu uma meta que iria melhorar significativamente a integração dos novos contratados até o final do ano. As ferramentas de mídia social ajudaram no processo, criando, para os novos recrutas, o senso de que eles já podem contribuir, somando valor e construindo relações imediatamente ao entrarem na empresa. Desde cedo, por exemplo, um estagiário universitário da Intel em Folsom, na Califórnia, procurou uma comunidade de outros estagiários. Todos eles tentaram se conectar por e-mail, mas rapidamente escolheram as ferramentas de relacionamento social para ajudá-los a criar relações e planejar atividades fora do trabalho.

Buczek também conta a historia de um novo contratado que ainda não tinha criado relações com a empresa, mas que buscava recursos e conhecimento. O gerente disse para ele "conversar com Laurie Buczek", mas ele não tinha como saber quem era ela e como ajudaria. Consequentemente, a Intel está trabalhando para desenvolver uma lista telefônica com as características das redes sociais, como perfis pessoais, para que as pessoas saibam "quem é quem" quando se conectam. Os funcionários poderão acrescentar fotos, experiências, interesses e informações adicionais que acreditam ser importantes para contribuir com seus colegas. Esse uso consciente das mídias sociais está rendendo uma maior integração entre funcionários, provada através de métricas internas e *feedback* de novos contratados.

As tecnologias de computação social também têm um papel-chave nas estratégias de gestão de talentos. Como a Intel é uma empresa global, ela não tem um depósito central de informações que ajude a identificar as habilidades dos funcionários, a fornecer instruções ou a apoiar o desenvolvimento de carreiras. O conhecimento essencial está, muitas vezes, escondido. Uma equipe de vendas conduziu um estudo e percebeu que um representante de vendas pode levar muitas horas por semana para encontrar uma informação para seus clientes. O custo de oportunidades, eficiência e rendimento potencial perdidos é significativo. Por isso a Intel está usando as mídias sociais para combater esse problema.

Muitos engenheiros da Intel encontram grandes desafios em colaborar e trabalhar juntos virtualmente. Por exemplo, a Intel usa um modelo "siga o sol" no qual o trabalho acontece 24 horas por dias e é passado de uma região geográfica para outra. Esse modelo funciona, mas a colaboração fora de sincronia tem sido difícil. Os engenheiros queriam modos melhores de colaborar ao longo do tempo, especialmente quando existem diversos autores que contribuem para os projetos de engenharia. Eles sempre quiseram perceber o modo de pensar de seus colegas e como as conversas progridem. Com os fóruns de discussão e as wikis, os engenheiros podem captar as ideias conforme elas se desenvolvem, rastrear informações históricas e colaborar sem perder nenhuma das 24 horas do dia.

O uso das mídias sociais também resultou em uma maior confiança; não há muito tempo para interação "cara a cara" dentro da Intel, e as mídias sociais ajudaram a preencher esse vazio. A próxima estratégia de Buczek é consolidar as tecnologias de computação social em "um só lugar" – um portal central de conhecimento na intranet da Intel, consolidando todas as fontes de mídia social em uma só tela. Todos os funcionários saberão aonde ir quando quiserem iniciar o uso das ferramentas de computação social ou encontrar informações através dessas ferramentas. Além disso, Buczek imagina que os funcionários irão, em breve, captar ideias brilhantes em suas próprias mesas e usá-las para transmitir informações, criar e publicar vídeos para compartilhar com os outros – acessíveis através do portal central, é claro.

Mesmo assim, como sempre, as mudanças persistem. Buczek descreve um desafio como a síndrome do "software assustador". Alguns líderes e funcionários têm medo das mídias sociais porque sentem que elas distraem os funcionários de seus trabalhos. Eles perguntam: "Quando você irá realmente trabalhar?" ou "Isso vai promover produtividade?". Buczek supera essas perguntas através da educação, mostrando como os blogs podem substituir e-mails direcionados a uma lista específica, facilitando a disseminação de ideias de modo mais eficiente. Ela também sugere que as pessoas procurem problemas de negócio que as mídias sociais podem ajudar a resolver, conduzam provas do conceito, e convidem céticos e usuários ávidos a dar *feedback* e aprender com a história. De acordo com Buczek, a Intel reconhece que encontrar esses esconderijos e compartilhar informações envolve uma mudança na cultura. Por causa desse desafio, a Intel busca constantemente novos modos de incentivar e recompensar a colaboração de cima para baixo. Como Buczek explica: "Alguns líderes querem parar com esse tipo de troca imediatamente, contudo, acreditamos que as pessoas precisam se envolver e ajudar a moldar a conversa. Na Intel não existe anonimato dentro das comunicações eletrônicas. A transparência na comunicação ajuda os funcionários a sentir que têm propriedade sobre a empresa e a perceber que têm direito a opinião. Suas vozes têm o potencial para moldar as ações executivas".

Buczek resume o aprendizado da Intel da seguinte maneira:

- Não aplique as ferramentas de mídia social sobre os esconderijos organizacionais; se você o fizer não vai obter o que quer dessas ferramentas. Exponha esses esconderijos no processo.

- "O trem está chegando"; não há como parar a proliferação das ferramentas eletrônicas que ajudam as pessoas a se conectar e a se manter conectadas. O "consumo" das mídias sociais está aqui para ficar no futuro.
- Os departamentos de TI precisam agir rapidamente ou terão de se preparar para trabalhar muito mais depois.
- Permita que esforços de base se realizem. Deixe a inovação acontecer de um modo gerenciado. Para que exista a aceitação da massa, você precisará que os executivos acreditem na ideia para transformar o modo como o trabalho é feito. Idealmente os executivos dirão: "Vamos transformar o modo como trabalhamos!".
- A respeito dos blogs, permita que todos os funcionários tenham o seu. Isso lhes dá uma voz – um modo para contribuir com conhecimento, experiência e pontos de vista.
- Uma estratégia importante é integrar as ferramentas de mídia social aos processos de negócio para que elas se tornem o modo de trabalhar. Integre-as para que os funcionários tenham de usá-las para trabalhar.
- Permita que existam pessoas que adotem o conceito mais cedo e outras mais tarde, para manter suas zonas de conforto. Não force mudanças drásticas de uma só vez. Apresente as ferramentas às pessoas. Por exemplo, permita que aqueles que ainda não querem abandonar os e-mails para contribuir em um blog ou fórum possam utilizar um link de contribuição dentro de seus e-mails.
- O fator número um de sucesso é ainda a facilidade de uso. Conduza estudos de usabilidade que envolvam usuários finais e colha o *feedback*. Não implemente uma solução somente porque ela é boa no papel; você precisará testá-la com seus funcionários. Eles esperam certo nível de

funcionalidade das ferramentas que usam, por isso as ferramentas internas precisam ter a mesma, ou mais, funcionalidade que as ferramentas utilizadas externamente. O padrão foi estabelecido pelas ferramentas disponíveis fora da empresa.

Claramente, a Intel vê as tecnologias de computação social como um facilitador importante no desempenho dos negócios. Ela se comprometeu a integrar as tecnologias de computação social onde podem ter maior impacto. A transparência adicional que ela traz à empresa mantém os funcionários engajados e permite a inovação para o sucesso sustentável.

| Sua própria descoberta |

A Emergent Solutions e a Intel são tipos diferentes de organização com questões diferentes. Conforme eles usam as mídias sociais em suas organizações, eles abrem a trilha para outros. Ao iniciar a implementação das ferramentas de mídia social na sua organização, lembre-se de que você é quem melhor conhece seu negócio. Você conhece as normas que guiam o comportamento diário da sua organização. Você conhece os desafios em suas operações e a história das implementações – verdades e mitos. Não há como captar seu conhecimento e *insights* em afirmações gerais para todos, mas lembre-se de acrescentá-los ao processo, práticas e sabedoria emergente e deixe que eles o sirvam. Como Eugene Kim, da empresa de consultoria colaborativa Blue Oxen, aconselha: "Não tenha medo de brincar e experimentar. Lembre-se de que somos todos humanos. As grandes organizações fazem isso muito bem". Transforme os processos e as práticas em sabedoria para a sua própria situação e então se certifique de compartilhar sua riqueza ajudando outros em suas jornadas. Como eles dizem... talvez não seja fácil, mas valerá muito a pena!

Participe da Conversa

Conecte-se a outras pessoas, como você, que estão explorando, experimentando e liderando o uso das mídias sociais para impulsionar o desempenho de suas empresas. Acesse http://www.socialmediaatwork-connection.com para fazer perguntas, saber o que os outros estão fazendo e acrescentar suas observações e ideias às discussões. Este capítulo levanta as seguintes questões para você e para os membros da sua comunidade:

- Quais são os próximos passos necessários para promover as mídias sociais em sua organização?
- Quais têm sido seus maiores desafios em conseguir a aceitação das mídias sociais?
- Que sabedoria você adquiriu durante a sua experiência?

Notas

1. A. BACAL & ASSOCIATES. What is an environmental scan? Strategic and Business Planning Free Resource Center. Disponível em: <http://www.work911.com/planningmaster/faq/scan.htm>. Acesso em: 1º maio 2009.

2. EPICOR. (n.d.) Bringing Web 2.0 to the enterprise: Leveraging social computing technologies for ERP applications. CIO. Disponível em: <http://www.cio.com/documents/whitepapers/BringingWeb2.0.pdf>. Acesso em: 12 abr. 2009.

3. KAPLAN, R. S., & NORTON, D. P. *The strategy-focused organization:* How Balanced Scorecard companies thrive in the new business environment. Boston: Harvard Business School Publishing, 2001.

4. KAPLAN, R. S.; e NORTON, D. P. *Strategy maps:* Converting intangible assets into tangible outcomes. Boston: Harvard Business School Publishing, 2004.

5. GLADWELL, M. *The tipping point*. Nova York: Back Bay Books, 2002.

6. RAPLEAF. *Rapleaf study of social network users vs. age*. Disponível em: <http://business.rapleaf.com/company_press_2008_06_18.html>. Acesso em 1º jan. 2009.

7. HEATH, C.; e HEATH, D. *Made to stick:* Why some ideas survive and others die. New York: Random House, 2007. p. 13.

8. Ibid., p. 18.

9. FAHNCKE, M. *Social networking for authors* [Webinário patrocinado por Stephaniegunning.com], 30 maio 2008.

10. THINKQUEST TEAM 16325. Aztecs: Conquest. Disponível em: <http://library.thinkquest.org/16325/y-conq.html>. Acesso em: 11 jun. 2009.

11. GERUS, C. (Editor) *Leadership moments:* Turning points that changed lives and organizations. Victoria, BC: Trafford, 2007. p. i.

7 Olhando para O FUTURO

Pioneirismo

O repórter chegaria em vinte minutos e os médicos ainda estavam organizando a sala de conferência. A administradora do hospital WellCare pegou sua jaqueta e revisou suas anotações enquanto caminhava rapidamente pelo corredor. Aquele ano tinha sido especial. O WellCare foi escolhido como hospital modelo – rentável e eficiente, com os melhores médicos e com a habilidade de encontrar soluções para as mais difíceis enfermidades de seus pacientes. Embora as organizações privadas, governamentais e comunitárias já usassem as mídias sociais há mais de uma década, a equipe médica sentiu que a aceitação das ferramentas de mídia social foi um fator decisivo em seu contínuo sucesso. Os membros da equipe já haviam usado as mídias sociais para centralizar as informações sobre os pacientes, treinar novos médicos, colaborar em tratamentos, melhorar significativamente os cuidados com pacientes e compartilhar conhecimentos com uma comunidade maior. Além disso, eles foram reconhecidos pelo sucesso em solucionar os casos mais difíceis e desafiadores.

A administradora lembrou-se dos primórdios das mídias sociais na comunidade médica. Em 2009, só se falava em como o Ford Hospital de Detroit usava o YouTube e o Twitter para compartilhar cirurgias ao vivo para seus alunos de medicina. Desde então, isso se tornou uma prática comum, especialmente em hospitais que oferecem treinamento. A comunidade médica agora já encontrou outros usos para as mídias sociais, e o hospital dela estava à frente de muitos. Precisão e eficiência foram as prioridades-chave. Por exemplo, todos os registros médicos foram armazenados eletronicamente em um poderoso e centralizado banco de dados, e o aplicativo chamado Perfil do Paciente fornece as informações adequadas às necessidades de diversos usuários. Os médicos do WellCare têm dispositivos móveis sem fio que usam reconhecimento de voz para fazer todas as anotações médicas no arquivo eletrônico. Cada dispositivo no hospital envia informações como temperatura, peso, pressão sanguínea, resultados laboratoriais e imagens de raios X diretamente para o arquivo do paciente. Criado originalmente dos perfis das redes sociais, o Arquivo Virtual contém todo o histórico do paciente e não fica guardado em um gabinete. Pelo contrário, o Arquivo Virtual fica na web e está disponível a qualquer um que tenha direito de acesso. Os pacientes que estão viajando podem se sentir seguros, pois qualquer médico ao redor do mundo pode ter, instantaneamente, seu histórico e todas as suas informações vitais.

No hospital o aplicativo Perfil do Paciente tem sido essencial para reduzir tempo, melhorar a precisão e construir um ecossistema de especialidades para melhor tratar o paciente. Conforme cada especialista entra no quarto para cuidar do paciente, suas identificações são automaticamente escaneadas, e sua análise e informações são corretamente adicionadas ao sistema de forma automática. Os controles de privacidade melhoraram. Com diferentes tipos de acesso, membros da família podem ler os diagnósticos, anotações e planos de tratamento mais recentes. Como parte de um ecossistema do paciente, os membros da família podem adicionar informações ao perfil dele, descrevendo mudanças em sua condição, por exemplo. Palavras-chave dos médicos ou membros da família e informações sobre os sinais vitais são enviados automaticamente para o microblog do médico primário, alertando-o sobre mudanças significativas na condição do paciente. Mesmo depois de deixar o hospital, monitores eletrônicos sem fio continuam a acrescentar informações ao perfil do paciente, e, caso mudanças significativas ocorram, um alerta é enviado ao microblog do médico. Os blogs dos pacientes são escaneados para obter palavras-chave, médicos podem escrever comentários, fornecer revisões e planos de tratamento e até mesmo prescrever novos medicamentos, que são automaticamente encomendados na farmácia.

Uma das maiores mudanças no comportamento dos médicos tem sido a ampla busca de informações e atividades de colaboração nas quais os médicos se envolvam. Quando um médico se sente limitado dentro de um determinado caso, ele pode procurar pelos sintomas-chave na página para pesquisas do perfil do paciente. Todos os casos que apresentam os mesmos sintomas irão aparecer (as identidades são mantidas em sigilo), disponibilizando também o acesso às anotações dos médicos, medicamentos e planos de tratamento. Além dos perfis dos pacientes, existem perfis detalhados sobre os próprios médicos dentro de um utilitário de rede social, na qual eles podem discutir desafios comuns e soluções inovadoras. Há um fórum de discussão e microblogs que permitem que médicos de todo o mundo discutam sobre seus casos. Os resultados têm sido incríveis. Antes, os planos de tratamento bem-sucedidos eram somente conhecidos pelos que estavam envolvidos com um determinado paciente. Agora esses casos podem ser instantaneamente compartilhados com as pessoas que precisam deles, não importa onde estejam ou quem eles "conheçam".

A cada semana, especialistas, representantes farmacêuticos, pesquisadores e pacientes selecionados se encontram em um mundo virtual para revisar os casos mais recentes e compartilhar protocolos experimentais, discutir experimentos médicos e efeitos colaterais. Os blogs dos pacientes e fóruns de discussão são automaticamente varridos procurando informações específicas. Esses casos selecionados são compartilhados em tempo real com amostras, gerando ideias na comunidade que nunca antes haviam sido concebidas. Através da colaboração e compartilhamento de conhecimento, eles aceleram o processo de "avanço" e já antecipam que curas para as doenças mais ameaçadoras surgirão em breve.

Todos esses usos permitiram que o WellCare se tornasse um hospital que tira o melhor proveito das mídias sociais para melhorar suas operações internas e aumentar o sucesso de seus resultados. As pessoas no WellCare sabem que há muito mais usos para as ferramentas que eles têm hoje – e isso ocorrerá muito em breve. Ao se aproximar da sala de conferência, a administradora escreveu uma nota para si mesma: "Colocar questão no fórum para o administrador de redes – quais são os modos mais recentes de usar as mídias sociais para trabalhar com os advogados dos pacientes?".

O cenário que vimos aqui é um exemplo fictício situado no futuro... mas em um futuro não tão distante. Na verdade, muito do que descrevemos já existe hoje. No Capítulo 5, *Exemplos pioneiros*, discutimos sobre o uso do Twitter pelo Hospital Henry Ford para educar alunos de medicina através de feeds em tempo real de cirurgias. Na rede de hospitais e clínicas alemã Rhön-Klinikum AG, arquivos eletrônicos já são compartilhados dentro da rede, e muitas organizações de bem-estar e saúde já estão automatizando os arquivos de seus pacientes.[1] Além disso, médicos estão descobrindo o valor dos sites de relacionamento social como o Ozmosis e Sermo, que atendem especificamente ao público médico, permitindo compartilhar conhecimentos e aprender uns com os outros.[2]

Talvez as diferenças mais importantes no nosso cenário futurístico estejam nas tecnologias de busca "inteligentes" e no modo de pensar de todos os envolvidos. Aqueles que pensam assim não questionam a utilidade das novas mídias sociais. Todos reconhecem que os pacientes têm informações valiosas para acrescentar e esperam poder contribuir com o processo no futuro. A noção de um ecossistema – muito mais amplo do que usamos hoje – é prevalecente, e, para promover o conhecimento coletivo que permite o progresso, é necessário que pensemos assim.

Estamos em uma jornada com capacidades web em um território desconhecido. O advento das tecnologias de mídia social está mudando o modo como trabalhamos nas organizações e tem um impacto direto sobre seus valores. Vimos exemplos reais de organizações privadas e sem fins lucrativos que usam as mídias sociais para otimizar seus desempenhos. Esses pioneiros estabelecem um novo modo em conseguir sucesso sustentável. Embora desafios existam, os experimentos e lições aprendidas dão a essas organizações uma vantagem enorme em relação aos concorrentes que ainda acreditam que as mídias sociais são uma moda passageira. As vantagens que as mídias sociais oferecem às empresas continuam a surgir, e, até agora, já vimos que elas acrescentam um valor significativo para atrair e reter os melhores funcionários, desenvolver talentos, obter eficiência organizacional e criar de conhecimento e inovação.

Mesmo assim, as organizações mais confortáveis com a tecnologia têm consciência a respeito do ambiente atual e antecipam como será o ambiente do futuro. Esse entendimento é essencial para formar suas decisões estratégicas. Elas não podem ignorar as complexidades e dinâmicas da força de trabalho no cenário de mudanças constantes. Também não podem ignorar o modo como as pessoas se comunicam e trabalham. Nem todas as organizações irão abraçar e apoiar as mídias sociais, mesmo que cada vez mais os funcionários insistam que as ferramentas usadas fora do trabalho devem funcionar dentro do ambiente profissional – ou em um espaço físico ou móvel.

Empresas como a salesforce.com ou Intel sabem o valor do microblog e dos websites de relacionamento social na busca pelos melhores candidatos, mostrando que usam essas ferramentas livremente. A Dow está extraindo a sabedoria de todas as suas gerações, de novos contratados até aposentados. As arenas de recursos humanos e desenvolvimento organizacional oferecem enormes oportunidades, como gestão de talentos, identificação de habilidades direcionadas, planejamento de sucessão e instrução através do uso de robustos perfis sociais. A Oracle nos mostrou que o processo de aprendizagem pode ser otimizado se for expandido pelas comunidades, nos blogs e fóruns de discussão com conteúdo criado por usuários. Se as pessoas tiverem as ferramentas para se tornarem mais eficientes, elas naturalmente otimizarão seus processos. Vimos como a Emergent Solutions acelerou seus processos de gestão de contas internas e as respostas de seus clientes, mas a empresa enfatiza que a cocriação é a visão e é onde as organizações realmente podem ver a vantagem da criação de conhecimento e inovação. A BTPedia da BT é apenas um exemplo de como os funcionários podem gerar e captar conhecimentos úteis dentro da organização. Um ambiente de negócios que muda constantemente requer que os negócios de adaptem às circunstâncias para se manterem competitivos; e, para isso, eles precisam de um maior comprometimento com a inovação e com as tecnologias de ponta. As tecnologias sociais podem permitir que as organizações transformem inovações em realidade muito mais rápido, portanto os seus membros devem ser estimulados para contribuir ativamente para isso e mantê-los engajados em longo prazo será essencial.

A vantagem em longo prazo na criação de uma cultura de engajamento é clara. As mídias sociais são vitais para a criação desse engajamento, pois fornecem um condutor para as contribuições de todos. Como vimos, conforme a força de trabalho evolui, as vantagens de uma organização dentro do seu segmento irão depender profundamente de funcionários conectados e engajados.[3] Os websites de relacionamento social podem servir como uma ponte que alcança diferentes culturas e promove conhecimento e entendimento das diversas crenças, práticas, produtos e serviços.

Apesar dos céticos que anunciaram o término do bom e velho aperto de mão, construir fortes relações ainda é fundamental em todos os tipos de organização, e as mídias sociais facilitam, de modo simples, o contato entre pessoas que, de outro modo, não teriam oportunidades para interagir. Há mais de uma década, Kevin Kelly percebeu que "o foco central econômico das economias de rede é ampliar as relações. Cada aspecto de uma empresa em rede – desde seus equipamentos até sua distribuição – é criado para aumentar a quantidade e qualidade das relações econômicas. A rede é uma estrutura que serve para criar relações"[4].

Os pioneiros de hoje serão, em breve, vistos como os sábios do poder das mídias sociais dentro das organizações. Eles entendem que a aceitação bem-sucedida dessas ferramentas e desses comportamentos são resultantes da atenção ao processo e às praticas de implementação. Esses desbravadores continuam adquirindo sabedoria sobre como amenizar o processo de aceitação e ainda reconhecem que outros desafios irão surgir.

Um desafio é que cada vez mais está se tornando difícil reter conhecimentos essenciais, mesmo com requisitos como contratos com cláusulas de confidencialidade. Outro desafio diz respeito às organizações fornecerem os meios para que os funcionários tenham conversas honestas. Propiciar um ambiente seguro, confortável e confiável permitirá que essas conversas acrescentem um enorme valor aos indivíduos e também coletivamente, se as organizações fizerem bom proveito delas.[5]

Os fornecedores de tecnologia e membros da organização se tornarão muito mais inteligentes sobre como proteger sua privacidade pessoal e a propriedade intelectual corporativa. Contudo, acreditamos que o maior desafio a ser superado será a resistência das pessoas a esse novo paradigma. Assim como todos os organismos saudáveis, as organizações prosperam em suas adaptações – aprendendo e ajustando. Será que as organizações serão capazes de adotar novas normas para abraçar as mídias sociais rapidamente, antes que a concorrência roube boa parte do mercado? As práticas eficientes ainda estão surgindo nesse novo cenário, e você é parte de uma sabedoria coletiva criada todos os dias.

Como as organizações continuarão a usar as mídias sociais?

O tempo está passando rapidamente, e o futuro chega todos os dias. Conforme as organizações continuam a evoluir, elas irão, cada vez mais, se deparar com o valor das mídias sociais. Aqui estão apenas algumas maneiras como vemos as organizações expandirem seus modos de pensar e como elas usam as mídias sociais para ajudá-las a superar futuros desafios.

- ***As mídias sociais serão um requisito básico.*** Usar a Web2.0 é hoje visto como um diferencial. Poucas organizações estão na vanguarda das mídias sociais, e, atualmente, criam sua unicidade através delas. Mesmo assim, na próxima década veremos que as mídias sociais se tornarão fundamentais para todas as organizações e serão simplesmente o "requisito" para que elas se mantenham no jogo. No mar da potencial mesmice, o que irá diferenciar os usuários de mídia social? Acreditamos que dispor e usar as mídias sociais de modo eficiente se tornará um diferencial-chave. Em vez de simplesmente patrocinar a tecnologia, as organizações devem integrar as mídias sociais, criando sustentabilidade contínua. Em outras palavras, ao passo que as informações de conteúdo se tornam mais disseminadas, a demanda por sabedoria em organizá-las e aplicá-las aumentará. Enquanto conduzíamos nossa pesquisa, testemunhamos esse fenômeno ocorrer a nossa volta. Além disso, conforme sua importância aumenta, discernir o bom conteúdo pode se tornar difícil. A habilidade em reconhecê-lo pode ser a arma secreta para o sucesso de uma organização. Resumindo, a unicidade será definida através de como as mídias sociais são alinhadas e integradas ao manto operacional da organização.

- ***Os pioneiros serão os modelos dos invejosos, que os seguirão.*** Conforme o desempenho dos pioneiros melhora e suas histórias de sucesso tornam-se conhecidas, as outras organizações sentirão uma vontade irresistível de implementar as mídias sociais em suas operações, assim, muitas delas passarão pelas fases de descoberta e exploração, e chegarão à fase de alavancagem, quando receberão, então, o valor que investiram nas mídias sociais. Elas verão que essas ferramentas são mais que canais para a comunicação. Eles realmente capitalizarão sobre as conexões e irão trabalhar para que várias comunidades e ferramentas se integrem em um espaço web central, como a Intel está fazendo. Em alguns casos, os indivíduos ou equipes mais dedicados terão de garantir que essas ferramentas e processos estejam integrados em todas as partes do sistema organizacional – serão os jardineiros em grande escala.

- ***As mídias sociais terão um papel cada vez mais importante para lidar com o poder da diversidade.*** A idade média da força de trabalho irá mudar drasticamente na medida em que os Millennials entram no mercado de trabalho e a Geração Pós-guerra sai das empresas, levando a história junto. Conforme isso acontece, a continuidade dos negócios fica em risco, mas, mesmo assim, as organizações estarão retendo o conhecimento e a sabedoria de seus funcionários atuais, ex-funcionários e aposentados. Através das mídias sociais, conversas com funcionários prestes a se aposentar podem ser digitalmente preservadas e utilizadas para manter a memória da empresa. Além disso, mais aposentados e ex-funcionários se mantêm engajados com suas ex-organizações através das muitas avenidas de mídia social disponíveis.

Em um mundo no qual o trabalho é feito o tempo todo, as tecnologias de mídia social permitem produtividade por todos os lugares do mundo, línguas e fusos horários. Elas se tornam as ferramentas primárias para o trabalho virtual, gerando impactos reais em curto e longo prazos, diminuindo drasticamente o custo com viagens e com a fatiga do "guerreiro viajante".

Outra tendência resultante da globalização é o crescente número de fusões e aquisições. As tecnologias de mídia social podem ter um papel importante, acelerando a integração e coalescência das culturas e dos valores corporativos. A oportunidade para a exploração de ideias de qualquer indivíduo na organização é possível porque essas ferramentas permitem uma comunicação aberta, libertando o valor do capital humano das empresas adquiridas.

- *As organizações serão mais corajosas para "deixar as coisas fluírem".* Conforme a dinâmica dos ciclos de carreira muda, organizações de todos os tipos precisarão permitir que membros entrem e saiam da empresa com maior facilidade. Trabalhadores freelances, projetos temporários e contratos de consultoria se tornarão mais comuns. As empresas corporativas terão de abandonar suas crenças sobre o trabalho de 8 horas diárias. Eles terão que deixar para trás seus pressupostos em relação ao fluxo de comunicação e estruturas organizacionais. Fora dos ambientes corporativos, comunidades on-line podem ser "estruturadas" intencionalmente ou podem surgir espontaneamente e crescer de forma orgânica. As organizações podem escolher gerir grupos de interesse, mas irão ter dificuldades em impedir as conexões orgânicas. As mídias sociais permitem que as organizações se conectem de forma mais próxima com seus funcionários *além de* consumidores e parceiros. Deixar para trás a percepção do controle sobre as comunicações organizacionais pode ser uma vantagem na criação de mais informação – informação que pode ser transformada em conhecimento útil para se ter vantagem competitiva. De fato, em um estudo da McKinsey, pesquisadores ficaram surpresos ao descobrir que muito mais informações fluem através das redes informais do que dentro das matrizes hierárquicas formais: "Em um período em que a habilidade em criar valor depende, cada vez mais, das ideias e dos valores intangíveis de funcionários talentosos, é triste ver líderes corporativos que não fazem muito para cultivar o poder das redes informais"[6].

Quando os decisores soltarem um pouco as rédeas, a comunicação natural irá fluir e trará mais inteligência ao alcance de seus dedos. Os líderes e equipes esperarão receber informações a qualquer hora, em qualquer lugar e do modo mais confortável para eles. Conforme eles vão "percebendo" isso, tomarão melhores decisões, se arriscarão mais e suas prioridades (e recursos) mudarão com mais rapidez.

Conforme compartilhamos mais através das mídias sociais, o trabalho se torna mais humano e democratizado. As mídias sociais irão mudar a natureza do "contrato" silencioso que existe entre o pessoal e o organizacional, através do qual as empresas mantêm o poder. As organizações serão forçadas a adotar estruturas menos hierárquicas e práticas mais igualitárias ao passo que as pessoas ganham mais influência nessa relação.

- **Conhecimento compartilhado será a nova moeda.** Novos desafios irão surgir já que o tempo de vida do conhecimento se torna cada vez menor. Para a maioria das empresas, o pressuposto é o de que o conhecimento-chave está nas cabeças de apenas alguns indivíduos ou equipes. O advento das mídias sociais desafia esse paradigma. No futuro, mais e mais indivíduos e equipes serão verdadeiros contribuintes da propriedade intelectual de uma organização. Elas podem usar esse conhecimento valioso como uma vantagem competitiva.

As tecnologias sociais servem como um "mercado" para a troca de informação. Nesse mercado, a moeda de troca é o conhecimento, e os comerciantes "mais valiosos" são as organizações que usam o conhecimento para melhorar seus produtos e serviços. As tecnologias sociais permitem múltiplas conexões simultâneas entre grupos, fazendo que o valor potencial da rede não seja apenas $n + n$, mas n^n.[7] Através da capitalização dessas conexões e interligações no mercado de troca virtual, as organizações podem combinar de diversos modos os vários *insights* fornecidos pelos líderes de pensamento.

- ***As mídias sociais facilitarão a participação em uma comunidade maior.*** Os limites formais de uma organização serão cada vez mais tênues, e novos limites se tornarão mais definidos pelo senso organizacional de comunidade, ao contrário das estruturas legais tradicionais. Na atenuação dos limites, veremos mais claramente que somos os consumidores uns dos outros. As organizações irão perceber que separar totalmente o interno e o externo é uma dicotomia falsa. Em outras palavras, uma pessoa não pode excluir o interno do externo porque os usos e aplicações internos podem gerar resultados externos e vice-versa. Um equívoco comum é que uma "organização" é uma entidade legal formal (corporativa, sem fins lucrativos, ou órgão governamental). Como discutimos por todo o livro, muitas pessoas na área de desenvolvimento organizacional tendem a ter uma visão mais ampla das organizações como *sistemas* (sociotécnicos). Já defendemos aqui os sistemas mais abertos ao invés dos fechados. O uso das mídias sociais ajudará a redefinir as perspectivas tradicionais das organizações, não como sistemas fechados, mas como entidades abertas que participam de um ecossistema maior.

Como as mídias sociais irão mudar

Não podemos prever o futuro, mas acreditamos que podemos enxergar bem à frente. As organizações de todo o mundo estão começando a integrar as mídias sociais em tudo que fazem, e isto está mudando o modo como as organizações, grandes e pequenas, atingem suas metas. O uso das mídias sociais é o próximo catalisador das grandes mudanças. Considere a evolução da música, dos discos de vinil às fitas cassete, cartuchos de 8-track aos CDs e até aos arquivos descarregáveis no computador. Com a chegada de cada ferramenta, o comportamento e as normas dos amantes da música mudaram. Prevemos que as mídias sociais terão o mesmo impacto transformacional. Em um futuro bem próximo, testemunharemos um lançamento contínuo de novas plataformas para tecnologias de mídia social. Elas herdam a natureza colaborativa e a disponibilidade dos softwares livres irá acelerar sua otimização para atender à evolução das necessidades de seus usuários. Aqui estão alguns dos modos como vemos as mídias sociais evoluindo.

- *A variedade e a disponibilidade das mídias sócias continuarão proliferando.* Você se lembra de quando os telefones celulares chegaram ao mercado anos atrás? Era um modelo para todos. Hoje vemos telefones e meios de gravação de mídia de todos os tamanhos, variedades, cores e capacidades. Em um curto espaço de tempo, diferentes tipos, alcance e capacidade de mídia social proliferaram. As opções são enormes. Vemos esse *pot-pourri* de opções crescer significantemente conforme os desenvolvedores criativos de tecnologia otimizam as ferramentas existentes e inventam soluções que atendem a todas as nossas necessidades. Nossa sede por pequenas conveniências úteis estimulará a criação de inovações como uma espiral crescente. Do mesmo modo que a "computação disseminada" se espalhou no final dos anos 1990, as mídias sociais estarão por todas as partes, tanto nos países desenvolvidos quanto nos países em desenvolvimento, silenciosamente ajudando a transformar o cenário global socioeconômico e redistribuindo o capital social, financeiro e intelectual. As mídias sociais irão permear tudo que fazemos – em todos os lugares, o tempo todo.

- *Os usuários irão exigir simplicidade.* O processo de ebulição descrito no Capítulo 6, *Fazendo as mídias sociais trabalharem: um guia*, está acontecendo globalmente, ao passo que as organizações embarcam na fase de exploração, experimentando uma ampla seleção de ferramentas que atende a todas as necessidades e preferências. Mas indivíduos e organizações, mais cedo ou mais tarde, ficarão confusos com tantas opções, e as pessoas exigirão a integração. Em vez de ter múltiplas ferramentas de mídia social diferentes para se relacionar ou colaborar, as pessoas vão querer uma maior "agregação" entre os aplicativos diferentes. Michael Arrington comentou: "Agora que existem serviços para praticamente todo tipo de conteúdo que os usuários possam pensar em publicar, precisamos que se criem padrões e negócios abertos para ajudar as pessoas a interligarem todos os seus conteúdos em uma só identidade on-line – o Eu Centralizado. Ele é realmente necessário porque nosso conteúdo está em todos os lugares da internet"[8]. O grito pela simplicidade irá naturalmente forçar os padrões que permitem que as ferramentas sejam onipresentes em todas as organizações. Conforme os usuários tornam-se mais criteriosos, e os softwares livres tornam-se a norma, iremos, coletivamente, formular algumas das melhores soluções de ponta e entrar na fase de alavancagem. Globalmente, entraremos em sintonia. Esse estágio será passageiro porque as novas tecnologias e novas normas de trabalho determinarão a próxima era das conexões humanas.

Enquanto isso, indivíduos e organizações chegarão a um ponto em que exigirão que suas ferramentas sejam simples e inteligentes. A simplicidade no uso e a funcionalidade ajudarão a manter a sanidade do usuário e a amenizar uma possível revolta. Por exemplo, um único perfil primário para cada indivíduo pode ser armazenado em um só lugar. Daquele perfil, os indivíduos poderão criar informações que servem às diversas comunidades de rede social, e o uso de um formato uniforme para informações primárias reduzirá a duplicação de informação, que atualmente consume energia desnecessária. O cofundador do Clube de Mídias Sociais de Louisville, em Kentucky, Jason Falls, compartilhou sua perspectiva em seu blog: "A simplicidade é a única coisa que as pessoas querem... Fundamentalmente, removendo a complexidade e adicionando a simplicidade, você poderá facilmente acessar, de modo aberto, tudo que quiser e promover muitas conexões sociais em vez de ter que ir às diversas mídias sociais, é assim que a experiência do usuário deve evoluir"[9].

- ***As ferramentas de mídia social se tornarão mais inteligentes.*** Todos sabemos que vivemos no mundo da Web 2.0; cada um de nós cria conteúdo e o compartilha livremente com outros pela internet. Podemos criar páginas da web, procurar informações, conectar com as pessoas e gerar conteúdo acessível através de diversos dispositivos. Esse é o mundo das mídias sociais hoje; está vivo no aqui e agora, mas a Web 3.0 está surgindo rapidamente, com maior inteligência. Entraremos na era da "internet inteligente" ou da "web semântica". Traduzindo: "Coisas muito inteligentes!". Se a Web 2.0 permitiu que todos se conectassem através das mídias sociais, a Web 3.0 vai facilitar conexões mais inteligentes e mais relevantes. A inteligência será incorporada nas ferramentas de mídia social para nos "conectarmos com contexto". Em outras palavras, nossas conexões serão mais ricas e nossas experiências em redes sociais, mais *significativas*.

Não há falta de informação em nenhuma área. O novo objetivo será *gerir* as informações para que elas sejam mais úteis. Marshall Kirkpatrick, vice-presidente de desenvolvimento de conteúdo da ReadWriteWeb, coloca da seguinte maneira: "Se a Web 2.0 era sobre a democratização das publicações, então o próximo estágio da web talvez se baseie na democratização da escolha de todo esse conteúdo que está sendo publicado"[10]. Por exemplo, as novas ferramentas de mídia social poderão filtrar as informações de acordo com seus requisitos; elas analisarão o significado, procurarão na web e mostrarão somente o conteúdo que for relevante para você (como um feed de RSS muito inteligente). Já observamos o valor das ferramentas inteligentes no nosso cenário hospitalar futurístico.

O que a Web 3.0 significá para as organizações? Elas poderão "garimpar" informações e encontrar exatamente aquela que atende às suas necessidades. Em cada organização, as informações são pequenos ativos de negócio. Com informações *inteligentes*, seus funcionários podem criar conhecimento que se tornará competitivo, modificando o modo como as pessoas trabalham, colaboram e executam suas tarefas. Com essa crescente sofisticação, a aprendizagem dentro das empresas pode realmente aumentar. Uma geração experiente de colaboradores poderá cocriar o que Peter Senge chama de a verdadeira "organização aprendiz"[11].

- ***As mídias sociais continuarão a ser vistas como "boas" e "ruins"***. Vamos admitir – as mídias sociais são um assunto controverso. Gostaríamos de pensar que a experimentação com as mídias sociais sempre dão rendimentos, mas há riscos. Com o crescente uso, a dependência é inevitável. Em abril de 2009 uma equipe clandestina de encrenqueiros cortou, sistematicamente, os cabos de fibra óptica da AT&T, gerando a interrupção nos serviços nas cidades do norte da Califórnia.[12] O trabalho nas cidades parou – sem internet, sem telefones celulares, sem televisão a cabo para toda essa população. Apelidados como "vigaristas do cabo" e "criminosos da fibra", esses experientes sabotadores deixaram claro como nos tornamos vulneráveis às falhas da tecnologia. Além disso, o valor da transparência continuará em confronto com as questões da privacidade e segurança. É quase esquizofrênico. Enquanto há uma demanda crescente pela visibilidade e responsabilidade, muitas pessoas acreditam que as mídias sociais invadem as suas vidas pessoais. No nosso trabalho com uma grande cooperativa de crédito, alguns diretores reclamam constantemente sobre a inundação de conversas sem sentido ou que "não acrescentam nada", enquanto outros reclamam que não há informações e nem participações suficientes. Essas dicotomias de perspectiva irão sempre existir. Como líderes de organizações, precisaremos encontrar novos modos para lidar construtivamente com essas polaridades.

Como a sociedade usará as mídias sociais

Não podemos resistir à oportunidade de pensar maior. Vimos como as mídias sociais expandiram a habilidade de qualquer organização em operar como uma só força por todo o mundo para atingir seus objetivos. Prevemos que o modo como definimos uma "organização" ou "comunidade" também irá se expandir para atender aos desafios globais coletivos. Vemos a ampliação das "organizações" em comunidades globais para resolver os maiores desafios do mundo. Imagine o impacto que as mídias sociais terão nas seguintes questões mundiais.

- ***As mídias sociais continuarão a encolher a vizinhança global.*** A máquina a vapor levou os negócios a uma nova era, interligando, com o transporte de bens, o comércio a um mercado maior. Quando o avião se tornou um meio viável de transporte para o público, as pessoas começaram a viajar mais, e o mundo se tornou menor. Do mesmo modo, as mídias sociais tornarão a localização física um ponto de discussão na formação de relações. Conforme as pessoas trabalham cada vez mais globalmente, fazem e mantêm conexões virtuais, elas darão mais valor à diversidade e às culturas.

- **As mídias sociais vão mudar o governo.** Já vimos as sementes desta mudança nos Estados Unidos. Mas, para qualquer governo que procura servir às necessidades de seu povo, as mídias sociais fornecem um meio para que os constituintes sejam ouvidos. Será indesculpável que os eleitos não entendam os desejos daqueles que representam.
- **As mídias sociais vão mudar a forma da saúde.** Como vimos em casos reais e no nosso cenário imaginário, as mídias sociais têm um enorme impacto no treinamento de profissionais de medicina e nas eficiências operacionais. Além disso, as oportunidades para a colaboração entre especialistas dentro de um maior ecossistema irão acelerar a identificação de medidas preventivas e curas para as doenças que abatem o mundo. Os pesquisadores do projeto genoma humano já acreditam que as wikis são uma ferramenta valiosa para promover colaboração e anotações de qualidade. Imagine as possibilidades para promover a genialidade coletiva das comunidades científica e biomédica.
- **As mídias sociais vão diminuir os crimes.** Muitos relatórios citam a falta de coordenação e colaboração entre as agências de inteligência e as forças da polícia. Por exemplo, em relação ao trágico ataque ao World Trade Center em 11 de setembro, o *Relatório da Comissão* aponta que "o maior impedimento... tem uma incrível semelhança com o jogo de ligue os pontos – é a resistência humana ou sistêmica em compartilhar informações"[13]. As mídias sociais servem para distribuir informações. Essas ferramentas podem ajudar a promover um modo de pensar colaborativo, transcendendo qualquer resistência natural para coordenar esforços.

Conforme a lei acompanha os acontecimentos, as próprias vítimas podem promover as mídias sociais para garantir sua própria segurança. Em Atlanta, na Geórgia, os cidadãos encontraram-se no Facebook e criaram um programa de segurança de ponta na vizinhança. Os residentes postam vídeos de vigilância no YouTube. Câmeras com dispositivos para a web em suas casas fornecem informações através de vídeos em tempo real ao departamento de polícia. Grupos de vigilância armados com câmeras digitais e telefones celulares fotografam atividades suspeitas e imediatamente enviam as imagens para as autoridades no Twitter ou Facebook.[14] Do mesmo modo, o professor da

Universidade de Fortaleza no Brasil, Vasco Furtado, criou a Wikicrimes, um aplicativo que se conecta ao Google Maps e permite que os cidadãos compartilhem o local e detalhes dos crimes que acontecem em suas vizinhanças.[15] Cuidado, criminosos!

- *As mídias sociais facilitarão a responsabilidade social.* Há milhares de modos que as organizações, assim como indivíduos, irão usar as ferramentas de mídia social para ajudar uns aos outros. Um exemplo são os empréstimos individuais. O Zopa.com é um website de relacionamento social projetado para conectar mutuários e credores independentes. Em vez de ir diretamente ao banco, credores individuais selecionam mutuários com base em suas histórias pessoais de empréstimos e negociam as taxas de juros. Do mesmo modo, microempréstimos tornam-se cada vez mais comuns entre aqueles que buscam fazer caridades vantajosas. Andy Finckle comentou em um blog post que o microcrédito irá aumentar porque: "As pessoas com dinheiro (PCD) se tornarão mais próximas das pessoas sem dinheiro (PSD)". Consequentemente, eles terão uma melhor posição para entender as necessidades do microcrédito, fornecer fundos e receber o agradecimento imediato através das mídias sociais.[16]
- *As mídias sociais vão ajudar a nos unir pelo mundo.* Terremotos, tsunamis, furacões e outros desastres naturais que quebram o equilíbrio global devastam regiões inteiras, forçando comunidades e nações a se unirem, cruzando as fronteiras geopolíticas, para prover apoio. Talvez menos visível, mas mais ameaçador, o aquecimento global ameaça a nossa sobrevivência. Comunidades mal-representadas ou não privilegiadas nas nações em desenvolvimento também exigem uma voz no cenário internacional. Indubitavelmente, lutamos para encontrar soluções para problemas que nunca existiram, e o uso das mídias sociais pode possibilitar essa colaboração.

A imensidão desses problemas requer a energia coletiva de cada indivíduo e organização – energia que pode ser promovida e expandida através das mídias sociais. Enquanto os sistemas econômico e natural cambaleiam em um território precário, os cidadãos do mundo devem procurar soluções criativas de longo prazo para amenizar o sofrimentos e transformar as circunstâncias.

Dessa visão macro, os desafios são imensos, mas as oportunidades também. Nós somos profissionais de desenvolvimento de organizações, não somos ecologistas, políticos ou economistas, mas, no nosso trabalho com funcionários de todos os níveis em empresas globais, vemos a capacidade coletiva em todas as organizações como um ponto de apoio dentro de um ecossistema global maior. Estamos convencidos de que os indivíduos nas organizações – seja nas grandes corporações, nos pequenos esforços empresariais ou nas redes comunitárias – podem contribuir significativamente e conseguir mais juntos do que separados através das mídias sociais. Nenhum de nós é tão forte quanto todos nós.

| Comece a jornada |

As pessoas têm uma necessidade natural em se conectar, comunicar e colaborar umas com as outras. O ambiente atual da Web 2.0 apresenta uma enorme oportunidade para as organizações de todos os tipos preencherem essa necessidade humana e promover o sucesso da empresa ao mesmo tempo. O tema *as Mídias sociais nas empresas* é sobre como as informações e os conhecimentos são trocados "na hora certa". Não é sobre tecnologia; é sobre o que as pessoas *fazem* com a tecnologia. É sobre a troca e o senso de comunidade. É sobre acessar informações valiosas quando necessário e desejado. As tecnologias de mídia social são muito mais que uma moda passageira; elas se tornarão o método principal para construir a inteligência competitiva nas organizações. Elas permitem que as organizações "capitalizem sobre suas conexões", fornecendo um modo de contribuição para que seus membros atinjam um propósito comum. As estratégias para usar as mídias sociais continuarão a evoluir. As pessoas fazem a rede e elas são engenhosas para criar caminhos e adaptar as tecnologias às suas necessidades.

Discutimos o impacto das mídias sociais no desempenho da organização, tanto hoje quanto no futuro próximo. O assunto mídias sociais dentro das organizações ainda é um território a ser desbravado cheio de oportunidades e perigos desconhecidos. Esse caminho não é para os fracos. Mas para aqueles que persistem na aventura com coragem e firmeza, e um mundo de resultados inovadores será a recompensa. Temos certeza de que as mídias sociais estão aqui para ficar e, quando promovidas pelos sábios, elas podem impulsionar as organizações aos novos níveis de desempenho, competitividade e sustentabilidade.

Se a sua organização ainda não começou a usar as mídias sociais, insistimos que você o faça hoje! Encontre colegas que tenham a mesma opinião e capitalize sobre essas conexões. Se a sua organização já embarcou nessa jornada, mantenha seu curso e dê orientações aos outros pelo seu caminho. Os dividendos geram o retorno sobre investimento – nós garantimos. Ao preparar este livro, conduzimos centenas de entrevistas com indivíduos e organizações que têm sido e continuam sendo transformados pelas mídias sociais. As recompensas têm sido muito maiores do que imaginamos. Insistimos que você, seja quem for e onde estiver, comece a traçar o seu próprio caminho, persista com vontade e, por último, destaque a vitalidade e o sucesso da sua organização. Desejamos o melhor na sua jornada.

Participe da Conversa

Mais uma vez o convidamos para participar da conversa, como você já deve ter feito outras vezes neste livro. Por favor, acesse nosso website http://www.socialmediaatwork-connection.com. Deixe seus comentários e nos ajude a descobrir as melhores maneiras de nos conectar, comunicar e colaborar, melhorando o desempenho/ organizacional.

Notas

1. KLEINSHMIDT, A. Electronic patient records. Pictures of the Future. Disponível em: <http://a1.siemens.com/innovation/en/publikationen/publications_pof/pof_fall_2008/patientenakte.htm>. Acesso em: 11 jun. 2009.

2. MESKO, B. *Ozmosis vs. Sermo:* Answers. Disponível em: <http://scienceroll.com/2008/04/11/ozmosis-vs-sermo-answers/>. Acesso em: 1º maio 2009.

3. BENKO, C.; e WEISBERG, A. *Mass career customization:* Aligning the workplace with today's non-traditional workforce. Boston: Harvard Business School Press, 2007.

4. KELLY, K. *New rules for the new economy:* 10 radical strategies for a connected world. Nova York: Viking Penguin, 1998.

5. MEISTER, J. C. Learning for the Google generation. Chief Learning Officer. Disponível em: <http://www.clomedia.com/in-conclusion/jeanne-c-meister/2008/April/2142/index.php>. Acesso em: 28 jan. 2009.

6. BRYAN, L. L.; MATSON, E.; e WEISS, L. M. Harnessing the power of informal networks: How formalizing a company's ad hoc peer groups can spur collaboration and unlock value. *McKinsey Quarterly*. Disponível em: <http://www.mckinseyquarterly.com/Harnessing_the_power_of_informal_employee_networks_ 2051>. Acesso em: 30 mar. 2009.

7. KELLY, K. *New rules for the new economy:* 10 radical strategies for a connected world. Nova York: Viking Penguin, 1998.

8. ARRINGTON, M. The future of social isn't content spewing (I hope). TechCrunch. Disponível em: <http://www.techcrunch.com/2008/06/02/the-future-of-social-isnt-content-spewing-i-hope/>. Acesso em: 1º maio 2009.

9. FALLS, J. Predicting the future of social media. Social Media Explorer. Disponível em: <http://www.socialmediaexplorer.com/2008/12/03/predicting-the-future-of-social-media/>. Acesso em: 1º maio 2009.

10. KIRKPATRICK, M. The future of social media monitoring. ReadWriteWeb. Disponível em: <http://www.readwriteweb.com/archives/whats_next_in_social_media_monitoring.php>. Acesso em: 1º maio 2009.

11. SENGE, P. *The 5th discipline:* The art and practice of the learning organization. Nova York: Doubleday, 1990.

12. ASIMOV, N.; KIM, R.; e FAGAN, K. Sabotage attacks knock out phone service. SF Gate. Disponível em: <http://www.sfgate.com/cgi-bin/article.cgi?f=/c/a/2009/04/09/BAP816VTE6.DTL&tsp=1>. Acesso em: 1º maio 2009.

13. NATIONAL COMMISSION ON TERRORIST ATTACKS UPON THE UNITED STATES. 9/11 Commission Report. Disponível em: <http://www.9-11commission.gov/report/911Report.pdf, p. 417>. Acesso em: 23 jun. 2009.

14. ABC NEWS. Neighborhood watch goes high tech. Disponível em: <http://abcnews.go.com/search?searchtext=Atlanta%20neighborhood%20watch&type=>. Acesso em: 2 maio 2009.

15. EGOVERNMENT RESOURCE CENTRE. Wikicrimes. *What's New Newsletter*. Disponível em: <http://www.egov.vic.gov.au/index.php?env=-innews/detail:m3097-1-1-8-s-0:n-1663-1-0-->. Acesso em: 1º maio 2009.

16. FINCKLE, A. The future of social media [Comment]. Global Neighbourhoods. Disponível em: <http://redcouch.typepad.com/weblog/2008/08/the-future-of-s.html>. Acesso em: 1º maio 2009.

Agradecimentos

Quando tivemos a ideia de escrever este livro, não tínhamos noção de que receberíamos tanto entusiasmo e apoio de especialistas e pessoas da área de todos os cantos do mundo das mídias sociais. As conversas têm sido mágicas, e esperamos manter essas relações nos próximos anos. Somos muito gratos aos seguintes indivíduos e empresas que graciosamente nos permitiram aprender com eles e nos deixaram incorporar suas experiências neste trabalho.

Primeiro, devemos agradecer aos pioneiros que destacamos em nossos estudos de caso pelo tempo que dispuseram para falar conosco sobre suas ideias e percepções e por compartilharem suas experiências e lições abertamente: Jamie Mulkey, Ed. D., e Greg Pope, da Association of Test Publishers; Richard Dennison, do BT; Greg Brower e Linda Chen, da Cisco; Trish Bharwada; Chris Cavanaugh-Simmons, Dave Ancel e Dave Simpson, da Emergent Solutions; Don Kraft, Ed.D., e Omar Nielsen da Genentech; Gino Creglia da Gino, da Creglia Photography; Lourdes Ceguerra e Brad Mahack, da Hewlett-Packard; David Woodbury, da Humana; Laurie Griffith Buczek e Steven Snyder, da Intel; Andreas Forsberg, Johanna Komonen, e Matthew Hanwell, da Nokia; e John Bansavich, Ed.D., e Ginny Wallace, da Universidade de São Francisco.

Tivemos sorte em trabalhar com a Oracle, uma organização que valoriza inovações e está constantemente fundando novas bases, contribuindo para que outras organizações alcancem suas metas. Agradecemos aos nossos colegas por contribuir com suas experiências e exemplos: Jake Kuramoto e Paul Pedrazzi, da área de desenvolvimento de aplicativos; Mark Bennett e Amy Wilson, do departamento de estratégia de fusão de produtos; Patricia Cureton e Titina Ott, do programa de Liderança das Mulheres da Oracle (OWL); e Mark Milani, da engenharia de serviços da Academia de Liderança Global. Além disso, queremos agradecer aos nossos colegas de todas as partes do mundo do grupo de Organização Global e Desenvolvimento de Talentos (OTD) e ao time de recursos humanos pela coragem em utilizar as mídias sociais, colaborando para o aprendizado, e pelos esforços no desenvolvimento organizacional na Oracle. Gostaríamos de agradecer de forma especial a Kirsten Hanson, Ed.D., por seu apoio enorme e autenticidade e receptividade à experimentação. Um obrigado especial a Anje Dodson, vice-presidente de recursos humanos, por defender nossa missão dentro da OTD e a Joyce Westerdahl, vice-presidente sênior de recursos humanos na Oracle, por seu apoio.

Muitas pessoas influenciaram nossos pensamentos. Embora não possamos agradecer a todos que colaboraram de forma tão generosa conosco, gostaríamos de agradecer às seguintes pessoas que contribuíram com suas pesquisas, sugestões e apoio: Mike Abrams, da TBD Consulting; Virginia Brady, da UFirst Federal Credit Union e Credit Union Executives Society; Marty Fahncke e FawnKey & Associates; Beryl Fajardo, Ed.D., e Sal Falleta, Ed.D., da Leadersphere; Dana Goodrow, da TeenNow California; Kristen Harjo, da Kraft; David Hinds, da Hinds & Associates; Prasad Kaipa, Ph.D., do Kaipa Group; Eugene Kim da Blue Oxen; Gaynor Lloyd-Davies do BT; Jill Lublin; Ross Mayfield, da SocialText; Cheryl McDowell; Steve McMahon, da SuccessFactors; Deborah Meehan, e a Leadership Learning Community; Renee Moorefield, da Wisdom Works; Amanda Noz; Sandy O'Gorman, da ARC International; Harrison Owen, da H. H. Owen & Company; Mital Poddar, da Synopsis; Lauren Powers; Phil Quinn, da Quinn Interactive; Greg Ranstrom; Ron Riggio, do Kravis Leadership Institute; Lorraine Rinker, da Rinker & Associates; Scott Saslow e Nancy Thomas do Institute of Executive Development; Rayona Sharpnack, do Institute for Women's Leadership; Bill Slingland, da Talon Associates; Courtney Timmons, Blake Bush, Ben Katz e Jack Schaedler, da Enspire; Denise Tittle e Mike Shoemaker, da Personnel Decisions International; Chris Williams, do Market Out Loud; Ken Williams, do AED Center for Leadership Development; e Jack Zenger, da Zenger Folkman.

Também queremos agradecer pelas muitas conversas e energia colaborativa que recebemos em conferências e dentro das organizações profissionais das quais somos membros: The Academy of Management, American Society for Training and Development, the Authors Guild, Coaches Training Institute, the Institute for Executive Development, International Leadership Association, Organization Development Network, e the Professional Business Women of California. Somos gratos especialmente aos revisores que trabalharam no nosso primeiro rascunhos e aos endossantes pela prontidão, *feedback* e entusiasmo com esse projeto.

Tornar um livro real nunca é tão simples quanto parece, por isso apreciamos muito o trabalho feito pela excelente equipe da Jossey-Bass; nossa editora, Genoveva Llosa, teve energia inesgotável e paciência para nos guiar em uma direção que fosse coerente. Sua atenção e perícia foram as chaves para unir nossos esforços. Gayle Mak, assistente editorial, nos manteve norteados durante todo o processo e nos guiou pelas águas tortuosas das aprovações e permissões. Michele Jones, nossa editora de texto, trabalhou sua mágica com as palavras. Mark Karmendy, gerente de produção editorial, trouxe brilho aos nossos olhos quando transformou nossas palavras em um produto bonito e palpável. Erin Moy, nossa gerente de marketing, que nos colocou na frente de tantos olhos e, agora, em suas mãos. Rob Brandt, gerente de projetos editoriais; Debbie Notkin, nossa gerente de contratos; e muitas outras pessoas que nos prestaram assistência nos bastidores. Estamos especialmente gratos a Rebecca Browning, nossa inicial editora de aquisições, por acreditar que tínhamos um ótimo assunto para compartilhar com possíveis leitores e por nos lançar em nossa jornada.

Às nossas queridas famílias e amigos, obrigados sinceros! À família de Mary Ellen – George, Yianni e Sophia Kassotakis –, nossa gratidão pelo encorajamento e paciência. Aos pais, John e Sophia Evrigenis, e avós, um agradecimento especial pelo alto padrão de qualidade que acrescentaram à educação e aprendizado de vida. Agradecemos ao marido da Jackie, Jeff, por sempre apoiá-la em suas paixões e encalços e por lembrar de levar o jantar ao café local. Agradecemos sinceramente à irmã de Jackie, Jan, por sempre ler cada rascunho – só mais uma vez – e muito mais agradecimentos aos amigos Andrea e Lana, por nunca cansarem de perguntar com interesse genuíno "Como está indo o livro?".

Agradecemos imensamente à família de Arhur – os pais Raymond e Nora, e os irmãos, Lorine, Daniel e famílias –, por seu apoio e assistência incondicionais e nossos agradecimentos sinceros à família Neumiller – Bob, Corine, Amelia e Grace –, por sua inspiração e empatia constantes.

Como colaboradores, tivemos a oportunidade de conectar, comunicar e criar conjuntamente. Apesar das longas noites, dos amanheceres, das difíceis decisões e da diversidade de perspectivas, faríamos tudo novamente em um piscar de olhos. A todos, muito obrigados por tornar este livro uma jornada tão maravilhosa e inesquecível.

Arthur L. Jue
Jackie Alcalde Marr
Mary Ellen Kassotakis
Setembro de 2009

POSFÁCIO
à Edição Brasileira

Por Bob Wolheim

Admirável mundo novo: mídias sociais

Sabemos que uma das coisas mais complexas da humanidade é entender a história enquanto ela está acontecendo e, mais difícil ainda, quando quem quer contá-la também a está construindo. E tudo fica ainda mais complicado se a fase for de mudanças, quebras de paradigmas, rupturas e inovação.

Falar de mídias sociais neste momento é exatamente isso: contar a história ao mesmo tempo em que a constrói. E, no caso das mídias sociais, trata-se de um tema que está quebrando todos os paradigmas e conceitos do universo do relacionamento pessoal e de como as marcas se comunicam com seus públicos. É tentar explicar a revolução enquanto se faz a revolução ou, quem sabe, explicar como funciona um furacão estando no meio dele.

Ou seja, não é tarefa das mais simples.

Tentar entender – e quiçá explicar – o que está acontecendo e o que podemos esperar de nosso futuro é tarefa das mais ousadas, arriscadas e inglórias. Os profetas digitais duram às vezes um dia, poucas horas, e tudo o que previram costuma ir por água abaixo em segundos, ou em poucos cliques!

Quantas e quantas linhas são despejadas na web e em livros com toneladas de sabedoria e pensamentos que não se sustentam na vida prática das mídias sociais?

Neste contexto alucinado, o livro *Mídias Sociais nas empresas: colaboração, inovação, competitividade e resultados*, de Arthur L. Jue, Jackie Alcalde Marr e Mary Ellen Kassotakis, é uma luz em um túnel ainda muito pouco iluminado, pois foge ao estigma do aprendizado fácil, ao tom professoral e, principalmente, ao tom apocalíptico dos gurus de plantão.

O autores brindam o leitor com informações completas e bem detalhadas, fazendo-os navegar suavemente pela leitura, partindo sempre de explicações básicas e diretas, indo a *cases* completos e que mostram claramente os DOs e DON'Ts do universo das mídias sociais. Ou seja, é simples, direto, mas nem por isso simplório, muito pelo contrário, nem simplista.

Teoria e prática andam lado a lado com uma boa dosagem entre explicações mais formais e o aprendizado empírico de quem faz na prática.

Uma leitura indicada para desde aquele que conhece pouco ou quase nada do assunto até o expert, que já domina as mídias sociais, mas que quer se aprofundar em *cases* e no aprendizado que as empresas já estão obtendo ao experimentá-las na vida real.

Com seus poucos anos de vida, as mídias sociais estão transformando o mundo da comunicação e do marketing e, mesmo sabendo que estamos ainda só no começo desta revolução, a viagem será muita mais tranquila e suave se pudermos aproveitar os aprendizados já existentes, os *cases* de sucesso e de fracasso e o conhecimento que várias marcas já nos têm propiciado ao longo do caminho.

E é justamente este aprendizado que o leitor irá encontrar neste livro que, sem dúvida, merece a leitura.

E depois de ler, claro, não se esqueça de divulgar a sua opinião nas mídias sócias!

Bob Wollheim é apaixonado por empreendedorismo, pelo mundo digital e pela Geração Y. É sócio da Sixpix Content – ResultsON, youPIX.

MENSAGEM
ao Leitor Brasileiro

Por Augusto Nascimento

Gostei muito deste livro.
Você também vai gostar e usar!

Gostei muito, mas muito mesmo deste livro!

E creio que você vai gostar muito também. Ele traz muitas histórias de usos e aplicações das mídias sociais das empresas. Ele é prático, sem ficar analisando como cada mídia social é e funciona. Ele vai ao ponto certo das questões estratégicas: como e por que as empresas estão usado as mídias sociais e com quais resultados. Enfim, tudo o que os empresários e executivos querem saber sobre esse fenômeno chamado mídias sociais.

Você vai ficar sabendo de algumas experiências interessantíssimas com as mídias sociais de empresas como Oracle, por exemplo, em que vai conhecer muito sobre o *Oracle Conect*, o blog *O Direct*, o *My Oracle Forums* e até sobre o *OWL – Oracle Women Learders* – experiências de mídias sociais da Oracle.

Vai conhecer as experiências da British Telecom (entre elas a *BT Pedia*); Emergent Solutions (que usa as mídias sociais para integrar seu pessoal e seus clientes em verdadeiros processos de cocriação de valor pela ferramenta chamada *Social Text*); Salesforce.com, Philips, Cisco (com o *Webex* e seus almoços *nerds*), Best Buy (com as comunidades de práticas *Geek Squad*); Nokia (o *Nokia Way* e os vídeos hub e blogs hub); Dow (com seus MS Blogs, wikis e sites de relacionamento e o *My Dow Network*, que cria relacionamentos com funcionários e até com aposentados Dow que podem retornar ao trabalho); IBM (com seus 400 mil funcionários com fusos horários mundiais ligados 24 horas em constantes processos colaborativos, com o *Dogear*, comunidade interna IBM tipo *Delicious*, com o *Blue Twit* e o *Many Eyes*); HP (com seu *Water Cooler*), entre outros *cases* interessantíssimos.

Mas vai além das empresas, e você poderá ver também como a Igreja Católica e o papa e a Igreja de Jesus Cristo dos Santos dos Últimos Dias estão usando as mídias sociais. Vai ver até como CIA está usando e como o candidato Barak Obama as usou para mudar o jogo na briga pela presidência dos Estados Unidos.

Enquanto as mídias tradicionais eram apenas informativas e persuasivas, as mídias sociais avançam para o território da construção integrada do conteúdo e do conhecimento, criando engajamento e colaboração nunca antes vista.

Neste momento há três posturas em relação às mídias sociais: (1) observar e aprender, (2) experimentar e aprender ou (3) utilizar e crescer antes dos demais. Escolha a sua e vá em frente. Este livro vai dar uma excelente base para você e sua empresa em termos de caminhos a serem tomados em relação às mídias sociais. Vai ajudar a sua empresa, principalmente os executivos, a entrar nesse território com um pouco mais de segurança (ou com menos inseguranças).

A seguir, alguns conselhos sobre as mídias sociais para sua empresa participar delas de modo menos empírico e menos arriscado. São alguns pontos; algumas coisas que venho sugerindo a empresários e executivos desde 2006:

Advertências às empresas sobre as mídias sociais: o que fazer; o que não fazer e os cuidados a tomar.

Parte A: Sobre as mídias sociais – eis o que sua empresa deveria fazer:

Contratar alguém sério e capaz para ajudá-la: uma consultoria, assessoria ou especialista – em quem sua empresa possa ter algum nível de confiança para começar a fazer algo sério em mídias sociais imediatamente. Há algumas linhas que recomendam a contratação de assessores jovens e juniores, com a premissa de que eles estão mais ligados às novidades tecnológicas deste século. Mas o fato é que é preciso um mistura de "senioridade com gente imberbe", pois o cerne da questão não está na idade, mas no nível de conhecimento e de capacidade para ver o lado invisível dessas novas mídias, juntamente com a seriedade de propósito, com a ética e a responsabilidade.

As novas gerações, especialmente a Y, têm muita contribuição a dar. Assim, o caminho é encontrar alguém que possa contribuir com sua empresa nessa jornada, dentro de uma visão responsável e consequente. Se sua empresa contratar ajuda certa, terá um projeto vencedor. Se contratar errado, terá atritos, poucos avanços e poderá concluir equivocadamente que não deve investir em mídias sociais e, quem sabe daqui a 2, 3 anos, recomece a buscar a ajuda de alguém confiável. Recomendo que não faça leilão para contratar ajuda. Estabeleça laços de confiança e aposte em uma relação construtiva – afinal sua empresa merece algo nesse nível.

As mídias sociais são um fenômeno relativamente novo e – pode estar certo disso – quem demorar demais para investir nelas vai ficar para trás. Vai perder clientes importantes. Vai perder executivos e colaboradores importantes. Vai perder negócios e muito dinheiro, pois sua empresa funciona a partir das pessoas, dos clientes e de seus colaboradores em um primeiro nível. E de todos os demais *stakeholders*. Tudo isso forma um imenso mundo de relações sociais, em que as mídias sociais caminham rapidamente para ser o centro, embora elas sejam ainda algo relativamente novo. As mídias sociais surgiram pra valer por volta de 2005 e, logo depois, foram totalmente decisivas para a eleição do primeiro presidente negro dos Estados Unidos. Depois disso, ficou claro que o mundo da Internet havia mudado radicalmente e que as empresas não poderiam mais ignorar o poder dessas novas mídias sociais e da Web 2.0.

Não querer passar o carro adiante dos bois: peça à sua consultoria que faça um diagnóstico interno na sua empresa, para verificar qual é o atual nível de predisposição para o uso das mídias sociais – mas amplie isso para políticas de uso das ferramentas digitais de modo mais geral. Qual é a possibilidade de usar o digital e as mídias sociais em seus atuais serviços aos clientes? Em seus processos de prospecção? Em seu recrutamento e seleção de pessoal? Em seu trabalho de integração de recursos humanos? No treinamento de funcionários próprios e de funcionários de terceiros, como distribuidores? Em programas de e-learning e afins? Em treinamento e educação de consumidores? No avanço das relações com seus distribuidores ou canais de vendas? Em termos de relações institucionais? Em relações com a imprensa? Na criação de uma espécie de "Facebook empresarial só seu, onde todos os seus colaboradores... "colaborem!"?

Não se esqueça de que seus funcionários provavelmente já são usuários da Web 2.0 e das mídias sociais. Muitos deles provavelmente estão trocando e colaborando via Orkut, via Facebook e LinkekIn. Muitos já postaram ou já viram vídeos e filmes no YouTube. As pessoas físicas puxam as pessoas jurídicas para o Mundo Digital e se as empresas não definem políticas e normas para que seus colaboradores atuem como embaixadores de sua marca nas mídias sociais, então muitos deles podem assumir – mesmo sem querer – uma postura de detratores de sua marca no ambiente Web, fazendo críticas e comentários negativos se espalhar como fogo em capim seco... Isso é sério e a responsabilidade é da empresa.

Assim, evite deixar esse tema nas mãos de um departamento interno (nem marketing, nem TI, nem RH), pois esse é o melhor caminho para brigas e atritos de poder, em que haverá desequilíbrios com alguém atuando em nome da empresa toda, mas com seus interesses departamentais em primeiro lugar. Ao invés disso, os melhores especialistas recomendam que, com a ajuda de uma boa consultoria, sua empresa então verifique quais são as condições internas e relacionais que já estão praticamente caindo de maduras para uso do digital e das mídias sociais. Isso dará um painel interno mais claro das condições reais, com total independência em relação a qualquer disputa de poder e orçamento interno.

Fazer um levantamento ou pesquisa: a consultoria deve também fazer um levantamento ou pesquisa sobre como sua marca e as marcas dos seus competidores estão aparecendo (ou como não estão aparecendo) no mundo Web e nas mídias sociais. Nesse caso deve entrar tudo: websites, notícias em portais, menções em blogs e nas próprias mídias sociais: sua empresa e seus competidores no YouTube, no Facebook, no Twitter etc. Sua consultoria deveria montar um amplo painel para você e seus executivos analisarem e debaterem em um workshop. O ponto de partida para a análise é o confronto sobre as condições internas com a realidade da Web 2.0 e mídias sociais. Com isso tudo em perspectiva, sua empresa – com o apoio de uma boa e independente consultoria – poderá então definir o rumo, a direção daquilo que deseja em termos de presença e uso das mídias sociais e Web 2.0.

O nascimento de um projeto empresarial consistente de Web 2.0 e mídias sociais: da análise anterior mencionada é que deve nascer o projeto específico para sua empresa estar nesse mundo. É aqui que deve ser decidido quanto e por que sua empresa vai investir nisso para aprender e para crescer com solidez neste espaço. É aqui que você define seu projeto *(mas de modo não tão preciso, pois deve haver flexibilidade para voltar atrás e rever o que for preciso sempre que necessário, sempre que surgir uma nova tecnologia ou "nova onda", como são as características do Mundo Web 2.0)*. Do Projeto Completo e Flexível, o que importa é não perder sua visão final e ir implementando aos poucos, por prioridades, aquilo que sua empresa e a consultoria entendem ser o melhor caminho em termos de avanço e em termos competitivos.

O projeto deve ser conduzido através de *objetivos*, *step by step*, seguindo a linha de atingir "objetivos que são condições básicas para o objetivo seguinte", até que se chegue ao *objetivo final*. Desse modo, sua empresa estará entrando solidamente no Mundo das Mídias Sociais sem ter que retroceder e sem jogar dinheiro no lixo.

Existem alguns pontos importantes ainda a considerar sobre projeto de mídias sociais e Web 2.0 no tocante à qualidade da consultoria ou ajuda que sua empresa estará contratando: É desejável que a consultoria contratada para ajudar a sua empresa tenha experiência internacional e que esteja familiarizada com as boas práticas mundiais. As ferramentas e sistemas que suportam as mídias sociais são todas desenvolvidas com visão internacional e para operar em dimensão mundial. As boas práticas não são locais de nenhum país emergente ou em desenvolvimento, como se falava antigamente. Ou seja, no Brasil, nossas práticas e critérios nem sempre acompanham as melhores práticas internacionais. Se isso for ignorado, é provável que, depois de muito fazer, a sua empresa tenha que começar tudo novamente...

É desejável que a consultoria contratada para ajudar a sua empresa seja estratégica e tenha visão sistêmica das mídias sociais e da web 2.0. Facebook, YouTube, e-mails e respostas, tweeters, Ning e outras mídias sociais – tudo pode e deve estar entrelaçado e integrado para que os resultados que sua empresa deseja possam ser buscados com maior probabilidade de serem atingidos. Nesse universo digital, as coisas são interligadas e não independentes: sua presença de marca deve produzir efeito de contaminação e viralidade positivas, de modo a ocupar mais e mais espaços positivos, além de tratar cirurgicamente com os pontos de focos de negatividade destrutiva e de críticas. Além disso, uma consultoria entende melhor os mecanismos por trás das ferramentas utilizadas pelas mídias sociais e sabe tirar melhor partido delas, para fazer seus clientes ganharem destaque no universo da Web 2.0. Ela sabe como integrar publicidade de link de palavras (tipo Google Words) com estudos de SEO (otimização de sites), para otimizar os resultados. Sabe integrar o website do cliente com cada mídia social, com e-mails, com RSS e outros mecanismos desse mundo virtual.

Por fim, é desejável que a consultoria contratada para ajudar a sua empresa não seja uma sabe-tudo impositiva em relação aos seus executivos e profissionais. Os melhores consultores são sempre humildes em relação aos novos conhecimentos criados diariamente por um mundo em mudança altamente veloz. Eles são abertos, colaborativos e buscam trabalhar juntos com seus colaboradores, formando uma única equipe focada em melhorias e soluções, em vez de cobranças, culpas e desculpas. Em outros termos, é preciso que o pessoal de sua empresa tenha um bom nível de grandeza e humanidade, para poder receber o melhor de uma boa consultoria. Há empresas que tem isso de sobra e há empresas nas quais, o tempo todo, todos defendem seu espaço e seu feudo, sempre encontrando um fornecedor externo para culpar pela falta de resultados sob sua responsabilidade.

Caminho sem volta: decididamente, as mídias sociais são um caminho sem volta, e sua empresa não tem escolha entre entrar nele ou não. Na verdade, ou se entra ou se autocondena a perdas que serão exponenciais.

Resumidamente, esses cinco pontos mostram bem aquilo que sua empresa deve fazer, além de conter alguns elementos e dicas do que ela *não* deveria fazer.

Ressalto que nos itens do que não deveria fazer está principalmente:

"Nunca trate as mídias sociais como se elas fossem mídias de massa, de marketing ou de mera divulgação publicitária dos seus produtos e serviços".

Parte B: Cuidados para os quais sua empresa precisa atentar:

Alguns cuidados importantes devem ser tomados pela sua empresa:

"A questão mais importante sobre as mídias sociais e sua empresa está associada a riscos relativos à privacidade, aos dados das pessoas e da sua própria empresa, à segurança de dados, aquilo que está sendo muito citado como computação na nuvem".

As mídias sociais são um gigantesco depósito de dados de pessoas físicas e de empresas. Tudo isso pode levar a questões relativas à *privacidade* e à *segurança* dos indivíduos na nova sociedade digital global e em suas relações com as empresas.

Seus funcionários, seus consumidores, seus amigos e você vão colocar diariamente milhares de informações, opiniões e preferências nos sites das mídias sociais. A maioria dessas informações está abertas aos robôs dos sites de busca, mas também estão abertas aos cibercriminosos, aos pedófilos e outros bandidos desse novo mundo.

No começo da Internet – lá pelo ano de 1995 – haviam os hackers que invadiam sistemas e redes empresariais e governamentais apenas para provar que eles eram brilhantes intelectualmente e conseguiam superar os conhecimentos daqueles que haviam construído os sistemas de segurança.

Agora – já no início da segunda década no século XXI –, o momento é outro e não há mais ingenuidade nos hackers como antigamente. Agora virou crime. É captura de dados bancários para desvio de dinheiro de contas bancárias. É captura de dados de compra de sites de e-commerce e de cartões de crédito para novos tipos de furto de dinheiro transferido em um clique. O novo ambiente de TI e redes – em que as mídias sociais estão abertas – é cheio de tecnologias incompreensíveis pela maioria, como Rede P2P, plugins, robots, cookies – que puxam e captam dados de/em qualquer lugar, incluindo nas mídias sociais.

Junte isso tudo à tendência de computação nas nuvens e verá um enorme potencial de crimes. Muitas empresas deverão transferir os dados de seus servidores para o ambiente da computação nas nuvens e ainda não está claro com qual nível de segurança isso será feito. Ainda se discute muito os custos e as economias, mas pouco se fala com seriedade sobre a segurança ou sobre a fragilidade dela.

As empresas que transferirem seus dados de seus sistemas para a computação nas nuvens serão sem dúvida responsabilizadas pela segurança dos dados referentes aos seus *colaboradores* e *consumidores*. Aí há brecha para advogados ganharem muito dinheiro e para muitas empresas quebrarem por falta de recursos para pagar as indenizações que poderão ser requeridas pelos prejudicados por essa falta de segurança.

Por isso tudo, como parte do Projeto de Presença da Empresa nas Mídias Sociais e na Web 2.0, vejo como uma prioridade as empresas realmente proporcionarem educação e treinamento aos seus executivos, profissionais e demais colaboradores, para que eles possam usar as mídias sociais dentro de políticas e normas claramente definidas. Na prática, o uso das mídias sociais pela empresa e a forma dos colaboradores participarem delas – incluindo a publicação de informações (dados, imagens, vídeos, fotos etc.) da empresa ou dos clientes em blogs, sites e afins – merece destaque no documento de normas da empresa e do contrato de trabalho que o funcionário assina e é obrigado a cumprir. Isso não é de modo algum autoritarismo empresarial. É, sim, condição de defesa e critério de conduta claro e transparente. A ausência disso nada mais é que irresponsabilidade empresarial, baseada em desconhecimento de consequências potenciais. Afinal, em termos de direito, aquilo que não está regulamentado ou que não está proibido está, então, permitido. E sua empresa poderá ser responsabilizada, sim...

O fato: com 99% de probabilidades, os governos e os tribunais do mundo todo certamente irão responsabilizar as empresas que falharem na segurança dos dados de seus clientes e seus colaboradores. Sua empresa está pronta para isso? Seu departamento de TI, interno ou terceirizado, consegue entender isso? Bem, eis aí um problema que deve preocupar o CEO...

E imagine o estrago na reputação e nos negócios de sua empresa caso uma situação dessas venha a se espalhar em vários comentários nas mídias sociais!!!!

Augusto Nascimento, CEO e diretor-geral do Grupo BBN Brasil – empresa da Rede BBN International; professor de pós-graduação da ESPM de SP por mais de 15 anos e autor do livro Os 4 Es de marketing e branding.